SO WIRD DIE STADT ZUM GARTEN

Gemüse, Obst, Kräuter und Blumen in Mini-Gärten, Hochbeeten und bepflanzten Gefäßen machen jede Stadt bunter und essbarer.

EIN KLASSIKER UNTER DEN STADTGÄRTEN — DER BALKON

Glücklich ist, wer eine Wohnung mit Balkon oder Terrasse in der City hat. Sie sind nicht nur als Sitzplatz oder zum Wäschetrocknen geeignet, mit ein wenig Geschick werden sie schnell zu grünen Oasen inmitten der Stadt.

▸ S. 60

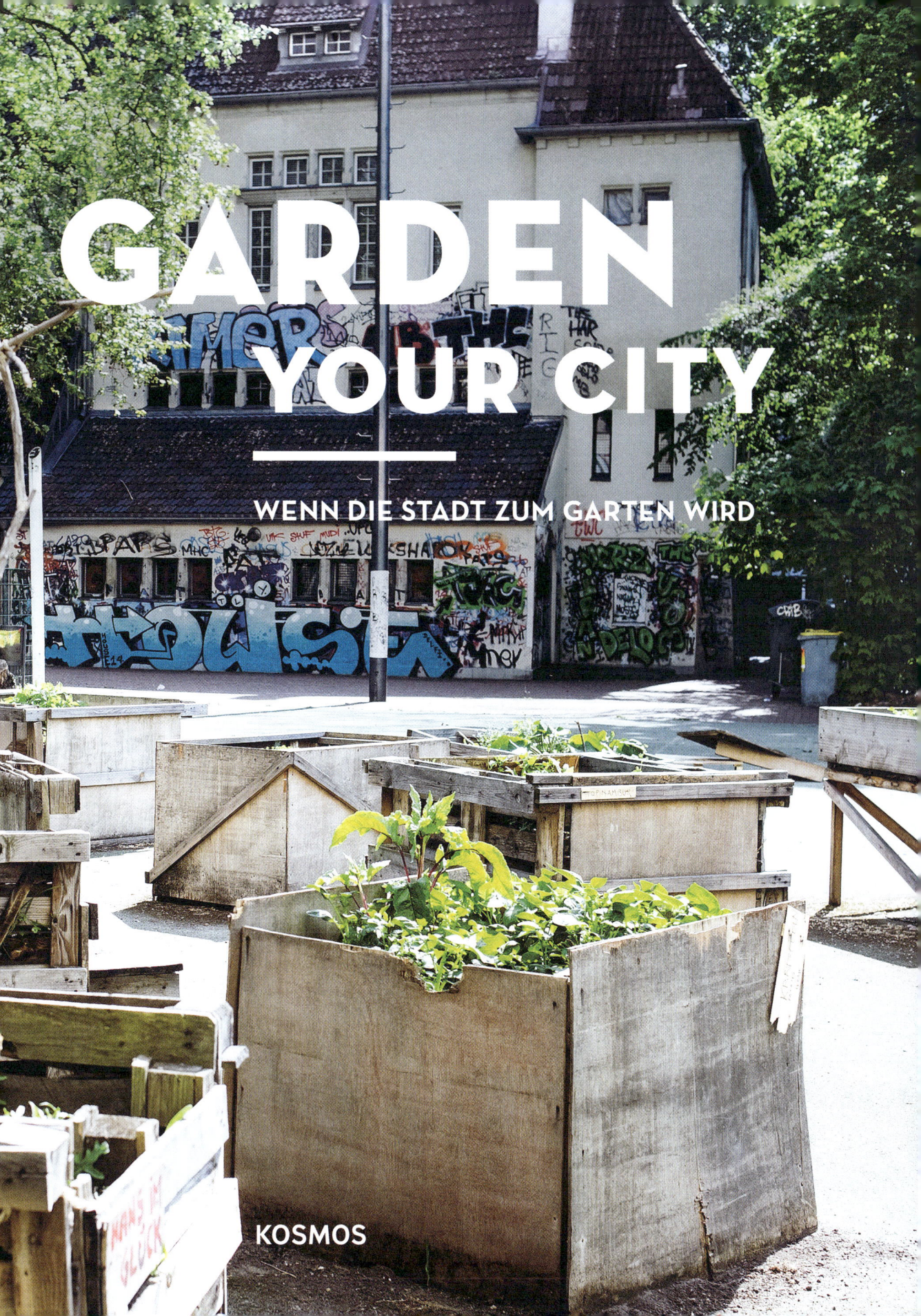

GARDEN
YOUR CITY

WENN DIE STADT ZUM GARTEN WIRD

KOSMOS

8 **Lust auf Grün**

11   Ein Stück Garten

16 **Praxis — die Basics**

18   So gehts los – die ersten Schritte

29   Ab ins Beet!

37   Hegen & pflegen

49   Ernte – die schönste Arbeit

54 **Mini-Gärten vor dem Fenster**

57   Der Garten auf der Fensterbank

60   Sommer auf dem Balkon

66   Grüne Dächer

68 **Vorgärten & Hinterhöfe**

71   Gärtnern hinterm Haus

78   Guerilla Gardening

82 **Social Gardening**

85   Von der Brachfläche zum Gemeinschaftsgarten

92   Sortenvielfalt ist angesagt

94   Beate: Tomaten-Vielfalt

96   Prinzessinnengarten

98   Svenja: Gemeinsam gärtnern macht Freude

102   Matze: Von Anfang an dabei

104   Der Stadtgarten im Bebelhof

106   Petra und Uwe: Stadtimker

109   Gemeinsam ackern

110   Tobias: Ackerheld

INHALT

112	**Pflanzen für Stadtgärtner**	142	Küchenkräuter
114	Fruchtgemüse	144	Teekräuter
116	Tomaten	146	Mediterrane Kräuter
120	Blattgemüse	148	Kräuter-Klassiker
122	Salat	150	Heilkräuter
124	Kohl	152	Stauden
126	Zwiebel- und Knollengemüse	156	Insektenpflanzen
128	Alte Gemüsearten	158	Zwiebelblumen
130	Wurzel- und Knollengemüse	160	Sommerblumen
132	Hülsenfrüchte	162	Kletterpflanzen
134	Obstbäume		
138	Beerenobst	166	Zum Weiterlesen
		167	Zum Bestellen

Burkhard Bohne

»Pflanzen sind unglaubliche Wesen. Sie wachsen fast überall und machen unsere Städte ein ganzes Stück grüner, bunter, besser. Die Menschen freut das, und Dächer, Höfe oder Brachflächen werden so zu Gärten. Tun wir uns zusammen und fangen einfach an!«

WaLDCHeN

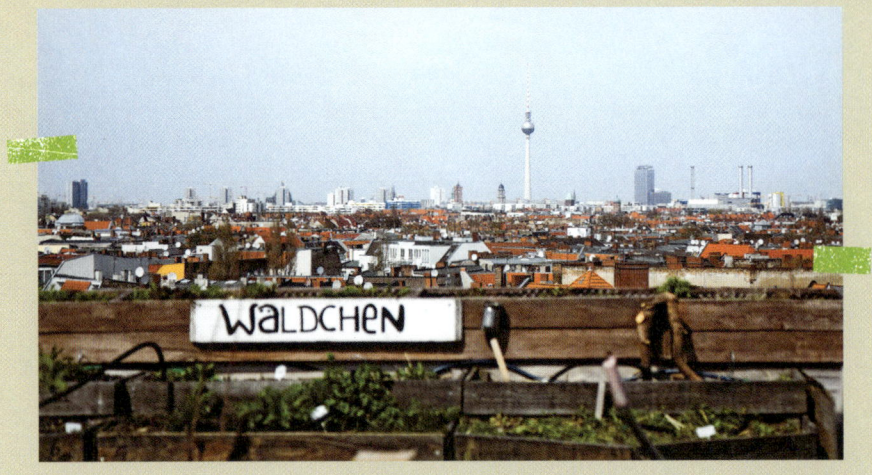

KLUNKERKRANICH

So heißt dieser fantastische Garten. Auf dem obersten Deck eines Parkhauses in Berlin-Neukölln ist dieser Kulturdachgarten entstanden. Hier kannst du mitgärtnern oder einfach nur chillen, immer dabei: der Blick auf Berlin.

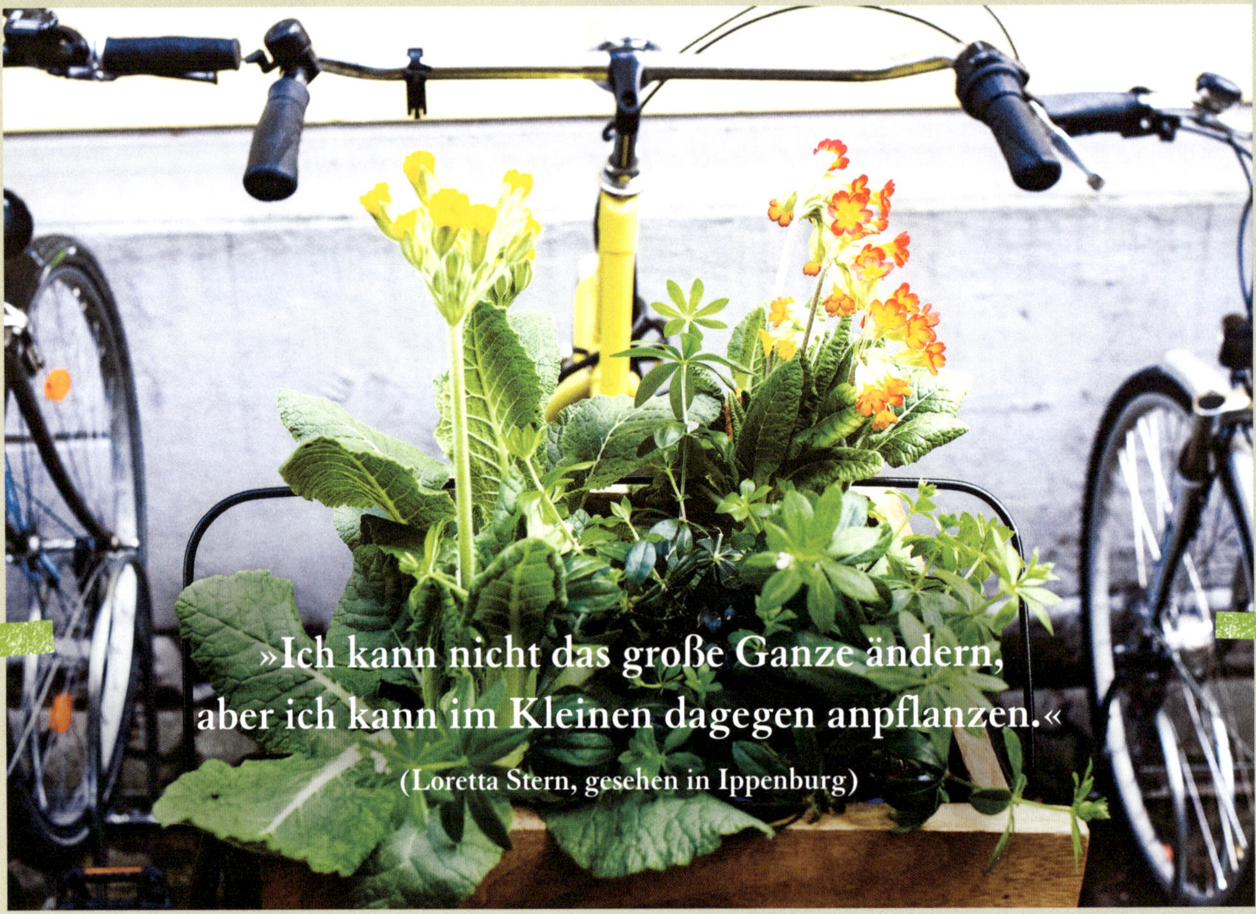
»Ich kann nicht das große Ganze ändern,
aber ich kann im Kleinen dagegen anpflanzen.«
(Loretta Stern, gesehen in Ippenburg)

Ein Stück Garten

Die Lust auf Grün wächst seit Jahren rasant. Das ist klasse, denn ohne Pflanzen lebt es sich einfach nicht gut. Gerade in der Stadt freuen wir uns über jede Ecke, in der es grünt und blüht.

Große Städte sind oft vielfältig und bunt, zum Teil leider aber auch trostlos und grau. Sie haben fast alles zu bieten, was der Mensch zum Leben so braucht: Arbeit, Wohnraum, Geschäfte, Restaurants, Clubs und Cafés, Kunst und Kultur und – wenn man Glück hat – eine ganze Menge Parks oder sogar Wasserflächen. Und trotzdem ist die Sehnsucht nach einem Stück Garten in den Städten unendlich groß. Nicht jeder will an den Stadtrand oder gleich aufs Land ziehen.

Downtown – gemeinsam gärtnern

Zentral wohnen ist hip. Hier pulsiert das Leben und die Wege sind kurz, egal ob zu Fuß, mit dem Fahrrad oder den öffentlichen Verkehrsmitteln – man kommt fast überall schnell hin. Nur Gärten, die gibt es meist nicht. Überall tun sich Menschen inzwischen zusammen und fangen an, gemeinsam zu gärtnern. Nach New York und London gibt es auch in Berlin, Stuttgart oder Köln zig neue Gartenprojekte, und jedes Jahr kommen neue Gemeinschaftsgärten auf brachliegenden Grundstücken, in Hinterhöfen oder auf Garagendächern dazu. An jeder Ecke haben Gartenaktivisten, Vereine und Organisationen Gemeinschaftsgärten gebaut – offen für alle Bewohner des Viertels.

Die Grundstücke bestehen manchmal aus Bauschutt oder haben verseuchten Boden. Deshalb werden meist Hochbeete gebaut oder gleich ganz mobile Gärten mit Pflanzsäcken und Kisten.

Neu war dabei der Gedanke des gemeinsamen Gärtnerns: Jeder kann kommen und mitmachen. Das ist klasse, arbeiten zusammen mit anderen macht einfach mehr Spaß als allein. Viele dieser Gärten sind zu beliebten Treffpunkten geworden, denn meistes gibt es hier auch viel Raum für alle möglichen Aktivitäten: Kochen, Essen, Reden, kreative Workshops (zum Beispiel zum Reparieren, Recyceln oder Upcyceln). Außerdem sind Gemeinschaftsgärten coole Locations für Vorträge, Ausstellungen oder einfach zum Chillen.

BIENENFREUND

Büschelschön (*Phacelia*) ist ein Gründünger, der viel organische Masse produziert. Die blauen Blüten sind ein Eldorado für Hummeln, Bienen und Schwebfliegen.

Klatschmohn — eine fantastische Pflanze. Wächst massig und schnell, vor allem an Stellen, an denen gerade Erde bewegt wurde. Seine knallroten Blüten machen so richtig Lust auf Sommer.

GÄRTNERN GEHT (FAST) ÜBERALL

Wer in den Städten gärtnern will, muss ein wenig kreativ werden. Viele Flächen sind versiegelt und überall stehen Zäune. Gut, dass es Pflanzen für fast jeden Raum gibt: Vorgärten, Hinterhöfe und Baumscheiben erwachen dank Sommerblumen und Gemüse aus ihrem Dornröschenschlaf. Töpfe, Kisten, Kübel, alte Wannen, Reifen und Hochbeete können Pflanzen zum Anschauen und zum Ernten (sofern hundesicher) beherbergen. Fast immer tun sich Pflanzenliebhaber zusammen und teilen sich Kosten, Arbeit und Ernte. Wem das nicht genug ist, der sollte einfach mal nach oben schauen. Viele Flachdächer eignen sich zum Anbauen von Pflanzen: in Kisten und Säcken und oft auch im großen Stil. Natürlich gibt es in der Stadt auch unzählige Terrassen und Balkone.

Viele davon wurden schon immer bepflanzt, aber oft nur mit blühenden Topf- und Kübelpflanzen. Inzwischen ziehen immer mehr Nutzpflanzen in die Stadt – Blütenpflanzen wie der Bienenfreund, über die sich die Insekten freuen, oder Kräuter und Gemüse für uns Menschen. Das ist prima, denn so wird für Vielfalt und Nahrung gesorgt.

Natürlich können wir uns aus solchen Gartenanlagen nicht komplett selbst versorgen. Aber das ist auch nicht das Ziel. Leute mit Spaß am Gärtnern treffen sich, können Pflanzenvielfalt kennenlernen und dabei gleichzeitig etwas für Klima, Luft und Insekten tun.

Auf dem Pflaster gärtnern

In allen Städten gibt es Höfe und viel gepflasterte Fläche. Doch nicht alle werden genutzt. Bevor du anfängst, solltest du dich erkundigen, wem das Grundstück gehört. Denn eine Zustimmung braucht man immer, wenn man ein fremdes Grundstück nutzen will. Vielleicht bekommst du die Erlaubnis, einen temporären mobilen Garten anzulegen. So wird das Grundstück sinnvoll genutzt. Am besten suchst du dir ein paar Mitstreiter und schon geht es los.

Da Gemeinschaftsgärten oft nur zeitweise auf den Grundstücken geduldet werden, macht es wenig Sinn, diese baulich zu verändern. Auch das Aufreißen von Pflasterflächen (sofern erlaubt) bringt nicht immer den gewünschten Erfolg. Oft ist der Unterboden qualitativ schlecht oder sogar kontaminiert. Kisten oder Hochbeete aufzustellen ist am praktischsten, zum Beispiel Beete aus Europaletten mit passenden Aufsatzrahmen. Sie können unterschiedlich hoch sein und mit Hubwagen auf dem Pflaster bewegt

Rucola wächst üppig und ist ideal für den Gemeinschafts-garten. Er ist pflege-leicht und seine Blätter versorgen alle mit leckerem Salat. Auch seine Blüten sind essbar.

In den Häuserschluchten großer Städte sind Gärten wahre Oasen.

Maschendrahtzäune säumen zahlreiche Grundstücke. Eine trostlose Sache, aber dagegen helfen Pflanzen: Gut geeignet sind Silberblatt oder Stockrosen, sie sind anspruchslos und neigen zum Verwildern.

werden. So entstehen mobile Gärten, die man, wenn nötig, schnell auch wieder abbauen und umsiedeln kann.

Grüne Mauern und Zäune

Mauern und Zäune bieten häufig einen traurigen Anblick. Bei Mauern helfen Graffitis, aber die kann man nicht essen. Vertikales Gärtnern kann aus diesem Dilemma helfen. Sammle doch einfach ein paar Lebensmitteldosen. Du kannst sie lochen und mit Draht oder Kabelbindern an Zäunen befestigen. Wichtig ist nur, dass du Löcher in die Böden der Gefäße bohrst. Nur so kann ein Zuviel an Wasser abfließen und die Pflanzen bleiben gesund. Wenn du keine Blechdosen hast, kannst du auch gebrauchte Getränkebecher verwenden. Achte

darauf, dass sie stabil sind und nicht bei dem ersten Regen aufweichen und abreißen. Die Gefäße werden mit guter Erde gefüllt und dann wird gepflanzt. Am besten wählst du einjährige, nicht wuchernde Pflanzen. Mit ein wenig Pflege haben sie echte Chancen, den Sommer zu überstehen.

Blumen an der Straße

Auch direkt an der Straße gibt es oft Platz zum Gärtnern. Verkehrsinseln, Baumscheiben oder Erdstreifen an Gehsteigen müssen nicht grau und braun sein. Zum Begrünen besonders geeignet sind starkwüchsige Blumen wie Sonnenblume, Malve oder Stockrose. Sogar Gründüngerpflanzen wie Senf oder Bienenfreund bilden tolle Blüten.

GRÜN STATT GRAU

Viele Baumscheiben sind nicht bepflanzt. Das kannst du ändern, indem du alte Blumenzwiebeln aufhebst. Grabe die Zwiebeln von Schneeglöckchen, Krokussen oder Tulpen aus, wenn sie verblüht sind, lass sie den Sommer über im Keller oder auf dem Dachboden trocknen und setze sie im Herbst zwischen die Wurzeln der Straßenbäume.

ZITRONENMELISSE

KARTOFFEL

HELGOLÄNDER WILDKOHL
Ein Blattkohl, der der Wildform unserer einheimischen Kohlarten stark ähnelt.

FENCHEL

ZWIEBEL

KÜRBIS

PRAXIS
— DIE
BASICS

So gehts los – die ersten Schritte

Aller Anfang ist schwer – aber nicht beim Gärtnern. Lerne die Pflanzen etwas genauer kennen, dann ist die Pflege ganz einfach.

Pflanzen haben ganz unterschiedliche Bedürfnisse. Manche, zum Beispiel mediterrane Pflanzen oder auch viele Sommerblumen, stehen lieber in der Sonne, andere wollen Halbschatten oder vertragen sogar Schatten. Einige sind anspruchslos und geben sich mit kleinen Töpfen und wenig Wasser zufrieden, andere wiederum werden riesig und benötigen viel Platz. Am besten schaust du dir genau an, welche Lichtverhältnisse dort herrschen, wo du gärtnern willst. Ein Südbalkon hat eine sehr hohe Sonneneinstrahlung, ein Nordbalkon hingegen liegt immer im Schatten. Im Westen und Osten hast du Halbschatten, was für die meisten Pflanzen ganz okay ist.

Bäume und Sträucher wachsen in der Regel am besten in der Sonne. Sie brauchen viel Platz und werden teilweise sehr hoch. Wenn du dir ausgewachsene Obstbäume und Beerensträucher anschaust, siehst du sofort, ob diese auf dem Balkon oder in deinem Stadtgarten genug Platz finden würden. Blumen, Gemüse und Kräuter erfordern unterschiedliche Standortbedingungen.

Einen weiteren wichtigen Hinweis auf den richtigen Standort im Garten erhältst du, wenn du nachliest, aus welchen Ländern die Pflanzen ursprünglich kommen. Viele Blumen und Kräuter, aber auch Gemüsearten stammen vom Mittelmeer. Sie mögen viel Wärme und stehen perfekt im Schutz von Hauswänden oder Mauern. Wenn es auf deinem Balkon sehr windig ist, denke über einen geeigneten Windschutz nach. Schilfmatten zum Beispiel brechen den Wind sehr gut und benötigen kaum Platz. Einheimische und nordische Pflanzen wie Schnittlauch, Salate oder Heidelbeeren vertragen niedrigere Temperaturen und sind auch nicht so empfindlich bei Wind.

> **TIPP**
>
> Pflanzen werden unterschiedlich groß und brauchen daher mehr oder weniger Platz. Achte auf ausreichende Abstände zwischen den einzelnen Pflanzen, denn nur so können alle Pflanzen gesund wachsen. Am Anfang neigt man dazu, die Jungpflanzen zu eng zu setzen.

Flachdächer sind prima zum Gärtnern geeignet: Dort oben gibt es immer genug Licht.
Wenn die Statik es zulässt, sind Bankbeete zum Gärtnern auf dem Dach ideal.
Sie fassen viel Erde und bieten Platz für große Pflanzen.

Nur für ein Jahr?

Überleg dir, ob du die Pflanzen über mehrere Jahre behalten willst oder ob sie im ersten Pflanzjahr abgeerntet werden sollen. Obstbäume oder Ziersträucher brauchen im Laufe der Zeit immer mehr Platz. Wenn du weißt, ob eine Pflanze einjährig oder mehrjährig wächst und ob sie viel Sonne braucht oder mit Halbschatten zurechtkommt, dann kannst du sie an den richtigen Standort stellen oder je nach Standort nach den richtigen Pflanzen suchen.

Pflanzengemeinschaften

Es gibt eine Reihe von Pflanzen, die sich gegenseitig stärken und schützen, und andere wiederum vertragen sich kaum. Am besten schaust du dir vor der Pflanzung eine Mischkulturtabelle an. Mein Tipp: Pflanze möglichst viele duftende Kräuter zwischen die anderen Pflanzen. Sie sehen gut aus und ihr Duft vertreibt viele Schädlinge. Ab Seite 112 gibt es Hinweise zu vielen Pflanzen, ihren Bedürfnissen und passenden Nachbarpflanzen.

Willkommen zu Hause

Wenn die jungen Pflanzen aus der Wohnung oder direkt aus dem Supermarkt kommen, sollten sie über mehrere Tage langsam – für ein paar Stunden pro Tag – an die Außenbedingungen gewöhnt werden. Daher erst nach ein paar Tagen die Pflanze am vorgesehenen Standort aufstellen oder einpflanzen. Überleg dir, wie du die Pflanzen mit Wasser versorgst, denn an heißen Sommertagen muss man Töpfe täglich gießen. An manchen Orten kannst du gut Regenwasser sammeln, an anderen hilft nur der Wasserhahn. Am besten stellst du immer eine mit Wasser gefüllte Kanne bereit, so kann sich das Wasser ein wenig erwärmen.

WAS WÄCHST WO?

1. Zitrusgewächse, Tomaten, Auberginen, mediterrane Kräuter und die meisten Blumen benötigen einen Süd- oder Westbalkon oder einen sonnigen Platz im Beet.

2. Salate wachsen gut im Halbschatten. Auch Schnittlauch und Petersilie fühlen sich hier wohl.

3. Pflanzen, die in Wäldern zu Hause sind, vertragen Schatten. Waldmeister, Maiglöckchen, Bärlauch oder Schlüsselblumen sind super für schattige Balkone oder Hinterhöfe geeignet.

2

1

TÖPFE, KÜBEL, KÄSTEN ...

Die wenigsten Stadtgärtner haben das Glück über guten Gartenboden zu verfügen. Entweder man hat einen Balkon oder eine Terrasse oder man gärtnert gemeinsam mit Nachbarn oder Freunden in einem Hinterhof oder auf einem Brachgrundstück. Oft ist der Boden steinig, voller Wurzeln oder es ist einfach unklar, ob der Boden nicht vielleicht kontaminiert ist. Da hilft dann eigentlich nur der Bodenaustausch, doch der ist teuer oder nicht gewünscht. Manchmal ist daher das Gärtnern auf dem Boden – in Töpfen, Kisten, Kunststoffsäcken oder in Hochbeeten – die bessere Wahl.

Kunststoff – billig, aber?

Wenn du Pflanzen kaufst oder vorziehst, wachsen sie meist in Kunststofftöpfen. Die sind billig, leicht zu transportieren und sie verhindern, dass die Erde schnell austrocknet. Doch auf der Fensterbank oder draußen sind diese Töpfe weniger geeignet. Sie haben kaum Gewicht und fallen bei Wind schnell um. Spätestens wenn die Pflanzen umgetopft werden müssen, solltest du bessere Lösungen finden. Große Kunststoffgefäße, zum Beispiel auch Steingutimitate, oder große Säcke aus Kunststoff lassen sich jedoch gut verwenden.

Ton, Steine, Scherben

Für Balkon und Terrasse gibt es klasse Gefäße aus Ton oder Terrakotta: natürlich, schön schwer und die Pflanzen fühlen sich in Tontöpfen einfach wohl. Der Nachteil ist, dass man etwas mehr gießen muss,

1. Grob gewebte Kunststoffsäcke sind zum Bepflanzen bestens geeignet. Sie sind sehr leicht und deshalb gut zu transportieren. Durch Umkrempeln der Ränder kannst du mehr oder weniger viel Erde einfüllen. So schaffst du Platz für wuchernde Pflanzen. Der Kunststoff sollte lebensmittelecht sein.

2. Bäckerkisten als Gemüsebeete: Damit die Erde nicht ausrieselt, wird die Kiste vor dem Füllen mit perforierter Folie ausgelegt. Der besondere Clou – die Kisten sind stapelbar. So wächst das Gemüse in komfortabler Arbeitshöhe.

ALTE GEFÄSSE MIT NEUEN PFLANZEN

Es ist wirklich so, Pflanzen wachsen fast überall. Deiner Kreativität sind keine Grenzen gesetzt, wenn es darum geht, originelle Gefäße zu bepflanzen und interessant zu platzieren. Besonders clever ist Upcycling:

1. ALTE BLECHDOSEN
Sie eignen sich gut als Pflanzgefäße und werten langweilige Zäune auf. Erdbeeren sind eine klasse Pflanzidee. Auch alte Waschmittelbehälter oder Olivenöldosen lassen sich bepflanzen.

2. GEBRAUCHTE COFFEE-TO-GO-BECHER
Alte Plastikbecher sind zu schade zum Wegwerfen – sie gehen als spontane Pflanzgefäße – zumindest für einen Sommer. Als Halterung dient hier ein alter Handschuh.

3. HOLZ UND PFLANZEN
Sie passen gut zusammen: Egal ob alte Schubladen, Weinkisten oder selbst zusammengezimmert – Folie einlegen, festtackern, Löcher reinbohren (für den Wasserabzug) und fertig ist die neue Pflanzenheimat.

SAND
Grober Sand eignet
gut sich zum Verbes-
sern schwerer Böden.

**DIE RICHTIGE
MISCHUNG**
Optimale Topf-
erde ist stabil und
speichert Nährstoffe,
Wasser und Luft.

MUTTERBODEN
Ein guter Mutter-
boden ist sandiger
Lehm – er enthält
viel Humus.

Erden und Substrate im Vergleich

da das Material leichter austrocknet.
Die Gefäße bleiben meist ganzjährig draußen und sollten daher
ausreichend frostfest sein. Eine
gute, wenn auch teurere Alternative
sind Steinguttöpfe.

Was geht sonst noch?

Praktische und günstige Gefäße
und Hochbeete lassen sich aus
Sperrmüll bauen: Dazu bieten sich
Einwegpaletten, alte Türen oder
Möbel an. Auch Holz-, Styropor-
oder Bäckerkisten sind als Mini-
beete gut geeignet. Wichtig ist,
dass die Böden gut durchlöchert
sind, damit überschüssiges Wasser
abfließen kann. Für alles, was du
später ernten und essen willst, sollten die Beete ausschließlich aus
unbehandeltem Holz sein.
Alte Körbe, Reifen, große Töpfe,
Dosen und Eimer können ebenfalls prima zum Kultivieren von
Pflanzen genutzt werden, voraus-
gesetzt sie geben keine Schadstoffe
an die Umgebung ab. Manche
Recyclingmaterialien haben nur
eine begrenzte Lebensfähigkeit –
Tetrapaks, Coffee-to-go-Becher
und Plastiksäcke halten oft nur
eine Saison und müssen dann
entsorgt werden.

GUTE ERDE IST DAS ALLERWICHTIGSTE!

Keine Pflanze wächst ohne Erde
und nicht jede Erde ist für alle
Pflanzen gleich gut geeignet. Als
Stadtgärtner hast du das Glück,
dass du dir für deine Töpfe, Kisten
und Hochbeete immer die richtige
Erde beschaffen kannst. Und
wenn du lieber im gewachsenen
Boden gärtnerst, kannst du diesen zumindest stetig verbessern.
Pflanzen benötigen die Erde nicht
nur zur Haftung der Wurzeln, die
Erde gibt den Pflanzen (fast) alles,

was sie zum gesunden Wachstum
brauchen, vor allem Wasser und
Nährstoffe. Dabei sollten die Nährstoffe im für die Pflanze richtigen
Verhältnis verfügbar sein und die
Wurzeln neben Wasser auch Sauerstoff bekommen. Gute Erde kann
Wasser und Luft speichern, enthält
die für das Wachstum der Pflanzen
notwendigen Nährstoffe und gibt
diese bei Bedarf langsam ab.

Erde für Töpfe

Früher bestand eine hochwertige
Topferde immer aus genau defi-

KOKOSZIEGEL
Die Ziegel werden in Wasser eingeweicht und zerfallen zu nährstoffarmer Erde.

KOKOS
Bei Kokosfasern handelt es sich um Torfersatz.

TERRA PRETA
So etwas wie ein Superkompost — enthält viele Nährstoffe.

ten viele organische Substanzen, die durch Mikroorganismen zu pflanzenverfügbaren Mineralien umgesetzt werden.

Aussaaten, Stecklinge oder ganz junge Pflanzen vertragen wenige oder gar keine Nährstoffe. Für die Pflanzenvermehrung empfehle ich daher in jedem Fall eine Anzuchterde zu kaufen: Sie ist nährstoffarm und fördert so das Wachstum junger Wurzeln. Sind deine Pflanzen kräftiger geworden, werden sie umgepflanzt. Zum Wachsen benötigen die allermeisten Pflanzen dann eine nährstoffreichere Erde.

Erst wenn die Blüten erscheinen und Früchte angesetzt werden, nimmt der Nährstoffbedarf der Pflanzen wieder ab. Folglich ist es angesagt, Pflanzen im Topf oder in Kisten zumindest während des Wachstums regelmäßig flüssig zu düngen.

Erde für Hochbeete und Gartenbeete

Ganz andere Voraussetzungen findest du im Gartenboden oder in Hochbeeten. Gartenböden sollten reichlich mit organischen Materialien versorgt werden. Dazu kannst

nierten Mischungen von Torf und Ton, Zuschlagstoffen wie Luft- und Wasserspeicher und meist mineralischen Nährstoffen. Bis heute ist diese Industrieerde im Einsatz und ermöglicht gerade Topfpflanzen ein gesundes Wachstum. Mittlerweile ist aber eine Vielzahl alternativer Erden auf dem Markt. Meist wird der Torf durch Kokosfasern oder andere Materialien ersetzt. Besonders beliebt sind Komposterden und in zunehmendem Maß auch Schwarzerde wie Terra Preta. Diese Erden enthal-

PERFEKT GEMISCHT

Nicht alle Pflanzen sind mit dem gleichen Boden zufrieden. Mischungen liefern die perfekte Erde für jede Pflanze.

STECKLINGSMESSER

PFLANZSCHAUFEL

KRALLE MIT HANDSTIEL

GARTENMESSER

GARTEN-/ ROSENSCHERE

Kleinwerkzeuge braucht jeder Gärtner – auch im Stadtgarten geht es nicht ohne.

AUS-LEIHEN

Nicht jedes Werkzeug musst du kaufen, denn vieles brauchst du selten. Kleinwerkzeuge wie Messer, Schere und Pflanzschaufel werden immer gebraucht, die solltest du zu Hause haben. Doch sperriges Werkzeug wie Schaufel, Spaten, Harke oder die Karre kannst du gut zusammen mit deinen Nachbarn anschaffen und teilen.

du Kompost einarbeiten, so oft wie möglich Gründüngerpflanzen säen oder auch mulchen. Im Frühjahr ist zusätzlich eine Grunddüngung zu empfehlen. Wichtig ist, dass dein Mutterboden nicht zu fest (Ton) oder zu sandig ist. Extremböden können durch Mischungen untereinander oder durch Zugabe von Kompost stark verbessert werden. Hochbeete hingegen haben einen ganz eigenen Nährstoffkreislauf. Sie werden mit Mutterboden und organischer Masse wie Reisig, Laub und Kompost gefüllt.

Die organische Masse wird nach und nach von den Mikroorganismen im Boden abgebaut, in Nährstoffe zerlegt und ernährt so deine Pflanzen.

GERÄTE UND WERKZEUGE

Außer Gefäßen, Erde und Pflanzen brauchst du zum Gärtnern nicht viel. Aber es kann nicht schaden, ein paar praktische Geräte zur Hand zu haben.

Für Topfgärtner

Für den Balkon reichen ein paar Kleingeräte völlig aus: Eine Pflanzschaufel hilft beim Umtopfen

oder Einpflanzen. Mit ihr lässt sich die Erde bequem in Töpfe oder Kübel einfüllen, verteilen und natürlich auch pflanzen. Es gibt sie in verschiedenen Größen, aus Stahl oder Edelstahl geschmiedet, meist mit einem Holzgriff. Später, wenn die Pflanzen angewachsen sind, ist es manchmal sinnvoll, die Erdoberfläche etwas zu lockern. Dazu verwendet man eine Kralle mit Handstiel. Zum Ernten und Pflegen sind eine Rosen- oder Gartenschere und ein Messer hilfreich. Klar: stets scharf und

sauber. Und natürlich darf ein Gerät niemals fehlen: die Gießkanne.

Für größere Flächen

Im Hinterhof oder Garten benötigt man zum Umgraben und Ausheben von Pflanzlöchern einen Grabespaten: Er ist aus einem Stück geschmiedet, besonders gerade geformt und daher optimal zum Stechen in den Boden. Ein perfekter Grabespaten hat einen stabilen Eschenholzstiel mit einem T-förmigen Griff. Zum Ausgraben von Sträuchern und Bäumen ist ein stabiler Rodespaten besser geeignet – in mittelschwerer bis schwerer Ausführung mit Holzstielen oder auch komplett aus Stahl. Leichte, sandige Böden werden nicht unbedingt umgegraben, zur tiefen und schonenden Lockerung dieser Böden reicht meist ein Sauzahn: ein einfach geschmiedeter Haken, der an einem Holzgriff tief durch den Boden gezogen wird. Ebenfalls zur Grundausstattung gehören Schaufel und Grabegabel: Eine Schaufel zum Verteilen von Erde und Sand und die Grabegabel zum

CHECKLISTE GERÄTE

FÜR TÖPFE & HOCHBEETE

— Pflanzschaufel

— Kralle mit Handstiel

— Gartenschere

— Messer

— Gießkanne

FÜR GRÖSSERE GÄRTEN

— Grabespaten

— Rodespaten

— Sauzahn

— Schaufel

— Grabegabel

— Harke

— Kultivator

1

2

3

PUTZEN UND EINÖLEN TUT GUT!

1. Das beste Gartengerät nützt dir nichts, wenn es total dreckig ist oder du es gar nicht erst findest.

2. Es wäre gut, du pflegst die Werkzeuge nach jedem Einsatz ein wenig, damit du und deine Pflanzen lange etwas davon haben: Erdreste lassen sich am einfachsten mit einer Bürste entfernen.

3. Die Geräteteile aus Stahl am Ende der Saison – noch besser: auch ab und zu mal zwischendrin – einölen.

Umsetzen von Kompost. Zum Bearbeiten des Bodens darf die Harke nicht fehlen. Sie hilft die Beete glatt zu ziehen und sorgt so für eine krümelige Struktur des Bodens. Leichte Böden lassen sich gut hacken, um den Boden von Wildkräutern frei zu halten; bei

schwereren wird der dreizackige Kultivator eingesetzt. So kannst du das Wachstum der Wildkräuter unterbrechen und gleichzeitig die Bodenoberfläche aufreißen. Auf diese Weise bleibt mehr Wasser im Boden und steht so den Pflanzen zur Verfügung.

»Es macht mir einfach Spaß, neue Pflanzen zu kaufen – die Auswahl ist riesig, für jeden Standort gibt es etwas, was dort wächst.«

DER SCHNELLSTE WEG ZU NEUEN PFLANZEN

Pflanzen für deinen Balkon oder Stadtgarten musst du nicht selbst aussäen und vermehren, du kannst sie einfach kaufen – eine große Auswahl an gängigen Arten und Sorten gibt es in Gartencentern, in Gärtnereien oder auf dem Markt.

Worauf muss man achten beim Einkaufen?

Egal ob Blumen, Kräuter oder Gemüse, wichtig ist, dass die Pflänzchen gepflegt sind und frei von Krankheiten und Schädlingen. Blätter und Blüten sollten frisch sein und die Triebe stabil. Schau dir immer auch die Blattunterseiten gut an. Hier findet man häufig die ersten Läuse und Anzeichen von Erkrankungen. Wichtig ist es natürlich, dass die Wurzeln gesund sind. Im Zweifelsfall topfe die Pflanze aus und sieh dir die Wurzeln genau an. Die Farbe sollte hell oder fast weiß sein und der Wurzelballen muss dicht sein und stabil.

Tauschen statt kaufen

Die interessantesten Pflanzen bekommst du auf Pflanzenmärkten oder auf Tauschbörsen. Solche Märkte gibt es mittlerweile regelmäßig in fast jeder Stadt. Hier bieten Gartenfreaks Pflanzen aus eigener Produktion an und sehr häufig sind Raritäten oder ganz alte Regionalsorten dabei. Außerdem ist der Einkauf auf Märkten oder

GESUNDE WURZELN – GESUNDE PFLANZE

Das Wichtigste ist, dass die Wurzeln einer Jungpflanze in Ordnung sind. Dann kann sie schnell anwachsen und weiterwachsen: Gesunde Wurzeln sind ganz hell, fast weiß.

1

2

1. Pflanzen zu tauschen macht eigentlich noch mehr Spaß, als zu kaufen. Meistens bekommt man noch einen Tipp zu Pflege und Verwendung mit dazu.

2. Man lässt sich gern von schönen Blüten verführen. Ein Blick auf die Blattunterseiten zeigt, ob die Blätter gesund sind und keine Schädlinge haben.

Börsen immer sehr kommunikativ, denn ausführliche Beratung und Fachsimpeln kommen dort nie zu kurz. Klar gilt auch hier: Vergleiche die Preise und kaufe immer nur gesunde Pflanzen.

1, 2, 3 – meins

Wenn du gezielt nach Pflanzen suchst und diese in der Gärtnerei oder auf Märkten nicht findest, bleibt dir immer noch das Internet. Viele spezialisierte Gärtner haben Webshops und es ist erstaunlich und schön, wie groß die Sortimente vieler Gärtner und Händler mittlerweile sind.

Damit du den Überblick nicht verlierst, ist es wichtig, dass du dir genau überlegst, was du in deinem Garten eigentlich haben willst. Bei der Pflanzenauswahl ist es gut und richtig, dass du dich für ganz unterschiedliche Pflanzen entscheidest. Denn auch im Stadtgarten kommt es auf die richtige Mischung von Blumen, Gehölzen, Gemüse und Kräutern an und kann helfen, selbst auf kleinstem Raum ein Biotop zu schaffen.

Viele Pflanzen ziehen Vögel, Insekten und Nützlinge an, andere vertreiben Krankheiten und Schädlinge. In Mischkulturen helfen sich die Pflanzen gegenseitig. Sie wachsen meist besser und bleiben länger gesund.

Willkommen daheim!

Zu Hause angekommen, ist es wichtig, dass du deine Pflanzen gleich auspackst und gießt. So sind sie erst mal versorgt und können sich sofort an ihre neue Umgebung gewöhnen. Pflanzen, die nicht im Freiland gewachsen sind oder lange auf dem Transportweg unterwegs waren, müssen langsam an Freilandbedingungen gewöhnt werden. Dazu stellst du die Pflanzen draußen in den Schatten und lässt sie wenigstens fünf Tage dort stehen. In dieser Zeit verändern sich die Zellen der Blattoberfläche und die Pflanzen vertragen anschließend direkte Sonnenstrahlung. Jetzt sind sie robust genug und können gepflanzt werden.

AUF DEN RICHTIGEN ABSTAND KOMMT ES AN

Gerade bei mehrjährigen Pflanzen sollten die Abstände zu den Nachbarn stimmen, denn meist bleiben Stauden oder Gehölze über viele Jahre am selben Standort stehen. Viele breiten sich dort stark aus und manche werden richtig hoch.

Ab ins Beet!

Wenn du alle Pflanzen besorgt hast, freust du Dich bestimmt auf die Pflanzung. Und auch hier ist es wichtig, einen guten Plan zu machen.

Sträucher und mehrjährige Pflanzen bleiben lange im Beet und manche von ihnen brauchen viel Platz. Sie geben dem Garten nachhaltig Struktur und werden bei der Pflanzung als Erstes berücksichtigt. Ein- und zweijährige Pflanzen kannst du später zwischen die mehrjährigen säen oder pflanzen. Sie füllen die Lücken und können dort verwildern.

DIE PFLANZUNG

Egal, ob du die Pflanzen in ein Beet, ein Hochbeet oder ein kleineres Gefäße setzt, am besten machst du das an einem eher bedeckten, nicht zu heißen Tag. Überleg dir vorher, was wohin soll … und los gehts.

Ins Beet pflanzen

Zuerst werden Pflanzen auf dem Beet verteilt. Du solltest dabei den späteren Platzbedarf und die Wuchshöhe der einzelnen Pflanzen im Auge haben und ausreichend Abstand zwischen den einzelnen Pflanzen lassen. Schön und meistens auch ganz sinnvoll ist es, die Pflanzen in Gruppen von wenigstens drei, besser fünf Pflanzen zusammenzupflanzen.

Vor dem Auspflanzen werden alle Töpfe mit den Jungpflanzen gut gewässert. Dann können mit der Pflanzschaufel oder dem Spaten Löcher ausgehoben werden, die mindestens doppelt so groß wie der Wurzelballen der Pflanze ist, die an der Stelle ins Beet soll. Wenn du einen schweren Boden hast, solltest du den Unterboden vor dem Einpflanzen noch ein wenig lockern, damit sich die Jungpflanze mit dem Anwachsen leichter tut. Anschließend kannst du deine Pflanzen vorsichtig aus den Töpfen heben und in die Pflanzlöcher setzen. Dann das Pflanzloch mit Erde füllen, wobei am besten ein kleiner Gießrand stehen gelassen

wird. Zum Schluss alles gründlich wässern – die Wurzeln wachsen schneller und besser, wenn die Erde um sie herum feucht ist – und das Beet noch einmal harken.

KARTOFFELN VORKEIMEN

Du kannst Kartoffeln früher ernten, wenn du die Pflanzkartoffeln vorkeimst. Einfach ab März in Eierpappkartons legen und warm stellen, bis sie keimen.

1

2

1. Mehrjährige Pflanzen wie Stauden und Kräuter werden oft im Topf vorgezogen. Irgendwann im Laufe des Sommers sind die Töpfe zu klein und es muss gepflanzt oder umgetopft werden.

2. Hochbeete sind super für Gemüse und Kräuter. Sie werden im Frühjahr frisch gefüllt und bepflanzt. Wenn die Füllung stimmt, wachsen die Pflanzen gesund und du kannst bald ernten.

Kräftige Pflanzen bändigen

Manche Pflanzen, zum Beispiel Minzen, wuchern sehr stark und bedrängen ihre Nachbarpflanzen. Sie bilden starke Wurzelausläufer und nehmen schnell sehr viel Raum im Boden ein. Um ihr unkontrolliertes Wachstum ein wenig einzudämmen, kannst du unterirdische Wurzelsperren bauen. Am besten verwendet man dazu Bleche oder Teichfolie, die man in Streifen schneidet und wenigstens 40 cm tief eingräbt. Natürlich kannst du stark wuchernde Pflanzen auch einfach in Töpfen in die Erde oder in große Kübel setzen, wichtig ist nur, dass die Töpfe groß genug sind und das Wasser gut abfließen kann.

HOCHBEET

Hochbeete sind keine neue Erfindung, aber perfekt für City-Gärten geeignet. Hochbeete werden von unten nach oben mit Reisig, Laub, gutem Kompost und Erde gefüllt – die Zusammensetzung der Füllung schafft die Grundlage für gesundes Pflanzenwachstum. So kannst du für jede Pflanzengruppe, egal ob hungrige Kürbisse oder anspruchslose Kräuter, die richtigen Bedingungen schaffen und das an fast jedem Ort. Besonders praktisch, einfach herzustellen und flexibel sind Hochbeete aus Paletten und passenden Aufsatzrahmen. Minimalistisch ist es, zwei Rahmen auf eine Palette zu setzen und bei stark wachsenden Pflanzen steckst du einfach einen dritten Rahmen obendrauf. Hochbeete kommen überall zum Einsatz, wo du nicht direkt in den Boden pflanzen kannst.

GEFÄSSE BEPFLANZEN

Sobald die Frühjahrssonne ausreichend Wärme abgibt und keine Nachtfrostgefahr mehr zu befürchten ist, kannst du Töpfe, Kübel und Kästen bepflanzen — für deinen Balkon, die Fensterbank, den Hinterhof ...

1.
Die Gefäße brauchen unbedingt Löcher im Boden, damit überschüssiges Wasser abfließen kann. Die Löcher werden mit Kieselsteinen oder mit Tonscherben abgedeckt, so rieselt keine Erde raus.

2.
Füll die Töpfe ungefähr zur Hälfte mit Erde und stelle die Pflänzchen hinein.

3.
Dann kannst du die Töpfe bis zum Rand mit Erde auffüllen. Durch leichtes Andrücken entsteht ein kleiner Gießrand — ganz praktisch, sonst schlämmt es später beim Gießen immer Erde raus.

4.
Fertig bepflanzt: Praktisch und schön sind alte Dosen und Gefäße aus Metall.

5.
Zum Schluss werden die Pflanzen vorsichtig angegossen.

6.
Man kann aus allem etwas machen — ein alter Lampenschirm als Blumenampel.

1. Kresse in alten Flaschendeckeln – eine gute Idee und funktioniert immer. Die Deckel werden einfach mit Watte gefüllt und darauf wird ausgesät. Angießen nicht vergessen und ruckzuck keimt es.

2. Schon nach wenigen Tagen kannst du die Kresse ernten und essen.

SAMEN AUSSÄEN

Die meisten Pflanzen lassen sich wunderbar durch Aussaat vermehren. Das kostet weniger, als Pflanzen zu kaufen, und führt schnell zum Erfolg und macht Spaß.

Für das erste Mal ist es das Beste, du besorgst das Saatgut im Fachhandel oder von Freunden. Später wirst du das Saatgut von deinen Lieblingspflanzen sicher gern selbst ernten (siehe Seite 51). Doch egal, wie du dein Saatgut bekommst: Frisch muss es sein, sonst keimt es nicht wirklich gut. Verwende möglichst nur Saatgut, das in der letzten Saison geerntet und trocken gelagert wurde. Schnell wachsende Pflanzen wie einjährige Blumen oder viele Gemüse wie Bohnen oder Kürbis werden im Frühjahr direkt draußen ausgesät, mehrjährige Stauden und Gehölze, aber auch Tomaten und Paprika, ziehst du besser im Frühling in Töpfen oder Schalen drinnen an einem hellen und warmen Platz vor. Perfekt geeignet sind natürlich Gewächshäuser, doch auch auf der Fensterbank sind die Bedingungen nicht schlecht: 18 bis 21°C wären gut und möglichst keine direkte Sonneneinstrahlung. Ansonsten können die zarten Keimlinge – gerade hinter den Scheiben von Südfenstern – schnell verbrennen.

Hell, dunkel oder kalt?

Saatgut wird unterteilt in Licht-, Dunkel- und Frostkeimer (steht auf den Packungen). Lichtkeimer benötigen Tageslicht zum Keimen, die Samen werden nur angedrückt. Dunkelkeimer mögen genau das eben nicht. Kalt- oder Frostkeimer benötigen eine Kühlphase zum Keimen, sie werden daher schon im Herbst aus-

Alte Tetrapaks
geben prima
Pflanzgefäße für
die Voranzucht ab.
Nicht vergessen:
Löcher in den
Boden stechen.

Brauchbare Gefäße für die Anzucht: alte Obstschalen oder Eierkartons

Pikierte Pflanzen werden schnell groß und müssen bald getopft oder gepflanzt werden. Schön sind die ersten Blätter der Akelei.

gesät. Hast du die richtige Zeit verpasst, kannst du Kaltkeimer auch im Frühjahr aussäen. Dann musst du die Gefäße nach der Quellung der Samen für etwa vier Wochen in den Kühlschrank stellen.

So gehts

Für die Aussaat brauchst du neue oder zumindest gut gereinigte Blumentöpfe oder Schalen und Aussaaterde. Diese hat einen hohen Humusanteil, wenige Nährstoffe und ist keimfrei.
Bevor du aussäst, füllst du die Töpfe oder Schalen mit Erde und drückst diese leicht an. Anschließend die Erde mit einer feinen Brause gut durchfeuchten. Ist die Erde wieder etwas abgetrocknet, kannst du das Saatgut sparsam ausstreuen und dabei auf der Erde gleichmäßig verteilen. Anschließend werden die Saaten der Dunkelkeimer mit fein gesiebter Erde abgedeckt: Die Erdschicht sollte aber nicht dicker sein als das darunter liegende Saatkorn. Bei sehr feinem Saatgut reicht als Abdeckung einfach Papier. Die Aussaaten von Lichtkeimern werden nicht abgedeckt! Zum Schluss wird noch einmal vorsichtig angegossen und die Schalen bekommen Etiketten mit Pflanzennamen und Datum. Dann heißt es warten.

SAATBEET IN DER EISPACKUNG

1. Das Saatgut vorsichtig auf die flache Hand schütten.

2. Die Samen in der mit Anzuchterde gefüllten und angefeuchteten Box verteilen.

3. Nach der Aussaat die Erde mit einer Brause vorsichtig angießen. Staunässe vermeiden!

4. Der Deckel schützt das Saatbeet. Ab und zu lüften!

WENNS ZU ENG WIRD ...

Haben die Sämlinge das erste Blattpaar nach den Keimblättern entwickelt, ist es Zeit zum Vereinzeln: Um wachsen zu können, brauchen die Pflänzchen Nahrung und mehr Platz.

1.
Erde in Töpfe oder Anzuchtkisten füllen, leicht andrücken und gut durchfeuchten.

2.
Die Sämlinge vorsichtig mit dem Pikierstab oder einem Bleistift aus dem Topf oder der Schale rausheben, ohne die Wurzeln oder den Spross abzuknicken.

3.
Die kleinen Pflanzen dürfen nicht verletzt werden. Sind die Wurzeln zu lang, werden sie mit den Fingernägeln abgeknipst — sie wachsen dann schneller und verzweigen sich gut.

4.
Kleine Löcher in die Mitte der Erde vorbohren. Die Wurzeln in das Pflanzloch halten und vorsichtig mit Erde andrücken, ohne zu quetschen.

5.
Sitzen die Wurzeln gut fest, wird die Erdoberfläche noch glatt gestrichen. Falls ihr unterschiedliche Arten in ein Anzuchtgefäß pikiert: Reihen beschriften.

6.
Mit einer feinen Brause angießen — die Pflanzen sollten beim Gießen nicht umkippen! Die Erde immer leicht feucht halten. Nach etwa vier Wochen sind die meisten Pflanzen kräftig und können getopft oder ausgepflanzt werden.

MULCHEN — EINE DECKE FÜR DEN BODEN

Eine Mulchschicht schützt den Boden und nutzt damit den Pflanzen. Sie spart Wasser und hilft dem Bodenleben, aktiv zu bleiben. Besonders praktisch ist das Mulchen mit Rasenschnitt. Der fällt immer an und wird – dünn aufgetragen – sehr schnell zu Humus.

———

>»In der lebendigen Natur geschieht nichts, was nicht in Verbindung mit dem Ganzen steht.«
>
> Johann Wolfgang von Goethe

Hegen & pflegen

So ganz ohne Pflege gehts leider nicht, wenn die Pflanzen wachsen sollen —
sie brauchen genügend Platz, Wasser und Nährstoffe und manchmal auch
noch ein wenig mehr Unterstützung

Manche Pflanzen sind in Gärten unerwünscht. In Töpfen und Kisten kann man sie einfach loswerden, da werden einfach alle Pflanzen entfernt, die dort nicht gepflanzt wurden. Im Garten und in Hochbeeten wachsen deine Pflanzen auch besser, wenn die Wildkräuter regelmäßig entfernt werden. Wenn du beim Jäten gleichzeitig die Erdoberfläche etwas aufreißt, bekommen die Wurzeln mehr Luft und das Gießwasser kann gut in der Erde versickern. Sämlinge und frisch Gepflanztes brauchen besonders viel Aufmerksamkeit, denn sie wachsen recht langsam und versinken schnell im Unkraut. Am besten hackst du Jungpflanzenbeete regelmäßig, ohne die jungen Pflanzen zu verletzen.

Mulchen

Wenn du den jungen Pflanzen etwas Gutes tun willst, mulche sie: Dazu die Erde zwischen den Pflanzen mit Kompost oder Rasenschnitt abdecken. Die Wildkräuter keimen dann schlechter und das Bodenleben wird durch die Abdeckung belebt. Die Temperaturen schwanken unter der Mulchdecke weniger stark und der Boden kann das Wasser besser halten. Außerdem wächst durch Mulchen die Humusschicht des Bodens und dieser wird dauerhaft besser.

Pflanzen pflegen und schneiden

Wenn du regelmäßig vergilbte Blätter und verblühte Blüten entfernst, verhinderst du Schimmelbildung bei feuchter Witterung und die Pflanzen sehen einfach immer gut aus.
Stauden, egal, ob ausgepflanzt oder im Topf, werden einmal im Jahr, im Herbst oder Spätwinter, zurückgeschnitten. So treiben sie im Frühjahr besser aus. Kübelpflanzen schneidest du am besten vor dem Einwintern und bei Bedarf im nächsten Frühjahr und/oder Sommer nochmal – dann als Formschnitt. Büsche und Bäume werden sehr groß und sollten daher recht oft geschnitten werden. Dafür ist im Winter genug Zeit – frostempfindliche Gehölze erst nach den letzten Winterfrösten schneiden! Viele Pflanzen, hauptsächlich hohe Blumen oder Tomaten und Gurken,

AUSPUTZEN

Topfpflanzen bekommen immer wieder mal gelbe und trockene Blätter. Wenn du sie regelmäßig ausputzt, bleibt die Pflanze gesund.

»Entnimm deinem Garten nicht mehr, als du ihm später zurückgeben kannst.«

TRICK: WASSERVER-SORGUNG IM URLAUB

Stell deine Blumentöpfe in den Schatten und daneben volle Wassereimer – etwas höher als die Pflanzen. Dann steckst du feuchte Bindfäden in die Erde der Töpfe und hängst die anderen Enden in die Wassereimer. Die Saugkraft der Wurzeln zieht nach und nach das Wasser aus den Eimern. Für kleine Töpfe reichen vier Fäden meist aus, für große brauchst du entsprechend mehr.

brauchen Hilfe beim Stehen. Damit sie während der Blüte nicht umfallen, muss man sie rechtzeitig mit Stäben stützen und häufig auch ihre Triebe aufbinden. Kletterpflanzen wie Rosen, Weinstöcke oder Blauregen, die keine Haftwurzeln wie Efeu haben, brauchen ein festes Spalier oder ein Gerüst.

Bei Tomaten gibt es noch eine Besonderheit: Im Sommer sollte man sie regelmäßig ausgeizen, das heißt, alle Seitentriebe ausbrechen (mit Daumen und Zeigefinger).

WASSER IST LEBEN

Die regelmäßige Wasserversorgung ist während des Wachstums im Frühjahr besonders wichtig und auch später, im Sommer, erhält Wasser die Pflanze am Leben. Wasser transportiert Nährstoffe, ist am Stoffwechsel beteiligt und kühlt die Pflanze durch Verdunstung. Da gleichmäßiger Landregen selten ist, muss man oft nachhelfen und wässern. Das notwendige Wasser

kommt aus der Wasserleitung oder man sammelt Regenwasser. Die Vorteile von Leitungswasser liegen auf der Hand. Es ist bei uns fast unbegrenzt verfügbar, von großer Reinheit und kommt mit hohem Druck aus dem Wasserhahn. Klingt prima, wären da nicht die hohen Kosten. Besser für die Pflanzen und günstiger ist das Sammeln von Regenwasser: Es ist weich und immer gut temperiert. Regenwasser kannst du auf Dächern sammeln und über Fallrohre in Regentonnen, Tanks oder Zisternen leiten. Damit keine Algen im Regenwasser wachsen: Regentonne abdecken.

Pflanzen haben einen unterschiedlichen Wasserbedarf – es ist gut zu wissen, wie viel Wasser dein Boden speichern kann. Regelmäßiges Hacken und Mulchen mindert die Verdunstung und hält das Wasser für die Pflanzen verfügbar. Durchnässe den Boden beim Gießen gut und lass ihn anschließend wieder trocknen. Die Wurzeln werden

so immer ausreichend mit Wasser und mit Luft versorgt. Gieß in den frühen Morgenstunden und an heißen Tagen zusätzlich abends. Die Blätter sollten nachts trocken sein, sonst steigt das Risiko von Pilzinfektionen. Gieß nur, wenn es dir notwendig erscheint, denn Pflanzen können sich an viel Wasser schnell gewöhnen und benötigen dann immer gleich viel.

OHNE KOMPOST IST EIN GARTEN NICHT PERFEKT

Wenn du immer nur säst, pflanzt und erntest, nimmt die Fruchtbarkeit des Bodens ab. Das Ziel ist anzubauen, zu ernten und gleichzeitig dem Boden wieder etwas zurückzugeben: Kompost ist ein idealer Dünger und verbessert den Boden nachhaltig.

Wenn genügend Platz ist, besorge dir am besten zwei Kompostkisten und stell sie im Halbschatten auf. In der einen Kiste können zunächst Garten- und Küchenabfälle gesammelt und in der zweiten der Kompost später aufgeschichtet werden. Hast du genug Material gesammelt, kannst du mit der Schichtung beginnen: Ganz nach unten gehört etwas Strauchschnitt und darüber werden die Grünabfälle in dünnen Schichten aufgetragen. Grobe Abfälle werden mit feinen abgewechselt und feuchtere mit trockenen. Ist alles gut geschichtet, beginnt der Rotteprozess schnell. Nach etwa drei Monaten wird der halbverrottete Kompost umgesetzt (wenn du Platz hast) und ist nach etwa sechs weiteren Monaten fertig. Vor dem Ausbringen wird der Kompost gesiebt: Bisher nicht verrottete Abfälle wandern auf den neuen Haufen.

Kompostkiste für wenig Platz

Eine Wurm- oder Kompostkiste braucht nur einen trockenen Platz. Die rundum geschlossene Holzkiste aus unbehandeltem Holz wird mit kompostierbaren Materialien gefüllt und feucht gehalten.

WÜRMER FÜR DIE KOMPOSTKISTE

1. Ein Eimer wird mit gemischten Küchenabfällen und einigen Würmern gefüllt. Eierschalen und Eiweiß mögen die Würmer gern.

2. Nicht mehr ganz frischer Kohl oder Salat wird klein geschnitten und in den Wurmeimer geben.

3. Die Würmer fressen sehr viel – du musst sie immer mit Futter versorgen.

4. Wenn sich die Würmer gut vermehrt haben, werden sie aus dem Eimer gesammelt und in den Wurmkompost gesetzt.

WAS DARF AUF DEN KOMPOST?

JA

— klein geschnittenes Strauchwerk

— Staudenschnitt

— Wildkräuter

— Rasen

— verdorbenes Fallobst

— vertrocknete Schnittblumen

— Kaffee- und Teefilter

— Eierschalen

— Gemüsereste

NEIN

— Wurzelunkräuter (Quecke, Giersch)

— Unkräuter mit reifem Samen

— kranke Pflanzenteile

— Speisereste und Backwaren

— Öle und Fette

— Ofenasche

Für den Anfang ist es hilfreich, wenn du dir eine Handvoll Kompostwürmer besorgst und diese unter die Küchenabfälle mischst. Wenn deine Kiste etwa halb gefüllt ist, kannst du den Inhalt auf einer Seite zusammenschieben und auf der frei gewordenen Seite frische Pflanzenabfälle neu anhäufen. Sofort beginnen die Kompostwürmer, dort ihre Nahrung zu holen. Ist die zweite Hälfte ebenfalls gefüllt, kannst du anfangen, die Seite mit dem älteren Kompost zu ernten. Dazu lässt du sie etwas austrocknen. Die Kompostwürmer wandern in die „frische" Hälfte und du kannst deinen Humus entnehmen.

NATÜRLICH DÜNGEN UND STÄRKEN

Pflanzen benötigen für ein gesundes Wachstum vor allem guten Boden, genügend Wasser und Nährstoffe, die richtigen Temperaturen und ausreichend Licht. Fehlt etwas oder ist etwas zu viel, stockt das Wachstum, die Pflanzen verlieren an Widerstandsfähigkeit und werden anfällig für Krankheiten und Schädlinge. Je ausgewogener die Versorgung, umso seltener treten Krankheiten auf. Am besten stärkst du deine Pflanzen von Anfang an mit Pflanzenbrühen oder -jauchen.

EBENEN- KOMPOSTER

Es gibt Komposter aus Metall oder Kunststoff, die aus einem Auffangbecken für Flüssigkeit und stapelbaren Ebenen mit durchlöchertem Boden bestehen. Wenn die untere Ebene mit Pflanzenresten gefüllt ist, wird die nächste Ebene aufgestellt. Die Würmer wandern nach oben zu den frischen Abfällen. Wenn du die dritte Ebene gefüllt hast, kannst du die untere bereits ernten. Die entstehende Flüssigkeit kannst du abzapfen und zum Düngen der Pflanzen verwenden.

TIERISCHE GARTENHELFER!

INSEKTENHOTEL: UNTERSCHLUPF

In der Stadt haben es Nützlinge schwer. Insektenhotels bieten ihnen artgerechten Unterschlupf.

— Insektenhotels werden an trockenen, sonnigen Plätzen aufgestellt.

— Nützlinge siedeln sich nur an, wenn sie in der Umgebung ausreichend Nahrung finden.

— Lehm und Sand werden als Baumaterial gern angenommen.

— Nicht vergessen: Nützlinge brauchen auch Wasser. Minimum ist ein kleiner Wassereimer.

GARTEN-TIPP: LOCKENDE KRÄUTER

Viele Nützlinge kannst du durch Kräuter in deinen Garten locken. Goldrute, Schafgarbe und Römische Kamille ziehen Florfliegen an, Marienkäfer lieben Ringelblumen und Schafgarbe; Schwebfliegen bevorzugen Dill, Goldrute, Liebstöckel, Schafgarbe, Süßdolde oder Tausendgüldenkraut.

Die größte Gruppe von Nützlingen im Stadtgarten stellen Insekten dar. Sie sind in der Lage Unmengen von Läusen, Raupen und Fliegen zu vertilgen. Lauf- oder Raubkäfer ernähren sich von Spinnmilben, Raupen oder Läusen. Fliegen, wie Schwebfliegen, Gallmücken oder Florfliegen und auch einige Wespenarten, Raubmilben und Spinnen gelten als Schädlingsvernichter.

TOP-BLATTLAUS-VERTILGER MARIENKÄFER

Zu den fleißigsten Nützlingen gehören Marienkäfer und ihre Larven. Sie fressen reichlich Blattläuse und verursachen keinen Schaden. Am besten sorgst du für Laub und Totholz im Garten, denn dann überwintern Marienkäfer gerne bei dir und können auch im nächsten Jahr Blattläuse fressen.

VOGELBAR: TROCKENER PLATZ

Vögel sind wichtige Nützlinge im Garten, denn sie fressen Schädlinge einfach auf. Vögel kommen gern in deinen Garten, wenn du ihnen einen Futterplatz baust. Die Vogelbar wird aus Recyclingprodukten hergestellt und bietet viel Platz für Futter. Am besten hängst du sie unter einem trockenen Vordach auf. Kontrolliere die Vogelbar öfter, nasses Futter mögen die Vögel nicht.

UNORDNUNG ERLAUBT!

Totholz- und Steinhaufen bieten Igeln, Spitzmäusen, Kröten und Eidechsen Unterschlupf und einen Überwinterungsplatz. Unordentliche Ecken im Garten nicht aufräumen, denn hier bauen Igel gern ihre Nester!

PFLANZENBRÜHEN SELBST HERSTELLEN

Sie dienen als organischer Dünger und gleichzeitig als Pflanzenschutzmittel. Da bei der Gärung unangenehme Gerüche entstehen, brauchst du einen geeigneten Platz zum Ansetzen.

1.
Als Erstes brauchst du ein großes Gefäß. Eimer oder Bottiche aus Kunststoff, Emaille oder Holz sind geeignet. Auch ein alter Zinkeimer kann verwendet werden, er wird aber etwas eingefärbt.

2.
Als Nächstes suchst du dir die richtigen Pflanzen (siehe Tabelle). Sie sollen gesund und kräftig sein. Ein wenig kleinschneiden, so passt mehr rein.

3.
Das Gefäß wird etwa zur Hälfte mit Pflanzen gefüllt. Du kannst die Pflanzen ein wenig drücken, denn je mehr Pflanzenteile du hast, umso intensiver wird die Jauche.

4.
Jetzt füllst du alles mit Wasser auf. Am besten eignet sich abgestandenes Regenwasser aus der Tonne. Hast du keins, tut es Leitungswasser auch.

5.
Nach dem Füllen sollte das Gefäß mit einem Gitter abgedeckt werden. So wird die Brühe während der Gärung belüftet und es können keine Tiere hineinfallen.

6.
Ab und zu umrühren. Nach zwei Wochen ist die Jauche fertig, muss aber noch filtriert werden. Gieße den Sud durch ein Sieb ab und schon kannst du ihn, mindestens 1:10 mit Wasser verdünnt, verwenden.

DIE BESTE PFLANZEN FÜR PFLANZENJAUCHEN

Brühen und Jauchen zur Pflanzenstärkung kann man mit ganz unterschiedlichen Pflanzen ansetzen. Die aromatischen Kräuter und Gemüsepflanzen kannst du in Kübel, Kisten oder Hochbeeten selbst anbauen. Brennnesseln, Rainfarn oder Acker-Schachtelhalm findet man wild wachsend auf vielen Brachflächen in der Stadt oder an Wegrändern.

PFLANZE	WIRKT GEGEN ...
ACKER-SCHACHTELHALM	Pilzerkrankungen — enthält Kieselsäure, stärkt alle Pflanzen
BEINWELL	viele Krankheiten vorbeugend — enthält viel Stickstoff und Kalium, stärkt alle Pflanzen
BRENNNESSEL	Läuse und Spinnmilben — enthält Stickstoff, der das Wachstum fördert (natürlicher Dünger)
KNOBLAUCH	Pilzkrankheiten, besonders Mehltau
LAVENDEL, SALBEI, THYMIAN	Insekten und Schnecken — dank ihrer ätherischen Öle
RAINFARN	Milben und Pilzkrankheiten
WERMUT	Ameisen und Raupen
ZWIEBEL	Milben und Pilzkrankheiten

1

2

PFLANZEN-DOKTOR

Auch wenn du in deinem Stadtgarten alles richtig gemacht hast, können gerade bei extremer Witterung Schädlinge oder Krankheiten auftreten.

Schädlinge

— **Blattläuse** sind die am häufigsten vorkommenden Schädlinge, in unterschiedlichen Größen und Farben. Sie sitzen meist unter den Blättern frischer Triebe und saugen dort Pflanzensaft. Behandle die Pflanzen mehrfach mit Brennnessel- oder Wermutjauche. Natürliche Gegenspieler sind Marienkäfer, Gallmücken, Raubwanzen und Minierfliegen.

— **Schildläuse,** flache, bräunliche Insekten mit Panzern, befallen gern hartlaubige Gehölze wie Zitrus oder Oleander. Meist sitzen sie auf der Unterseite von Blättern oder an holzigen Trieben. Auch Woll- oder Schmierläuse gehören zu den Schildläusen. Sie haben keinen Panzer und leben unter den Blättern. Schildlausarten kannst du durch wiederholte Spritzung mit Mineralölpräparaten bekämpfen.

— **Weiße Fliegen,** kleine Mottenschildläuse, schädigen die Blätter durch Saugen von unten und wenn man nicht aufpasst, vergilbt das ganze Blatt. Trockenes, warmes Klima begünstigt ihre Entwicklung, deshalb sollte die Luft öfter befeuchtet werden.

— **Spinnmilben** sind fiese Schädlinge, die man meistens zu spät erkennt. Die Blätter sind mit weißgelben Punkten besprenkelt und bei starkem Befall mit feinem Spinngewebe überzogen. Bekämpfen kannst du sie mit Nützlingen wie Raubmilben, Gallmücken oder Minierfliegen.

— **Raupenbefall** erkennt man an unregelmäßigem Loch-, Blattrand- oder Kahlfraß. Raupen sind Larven verschiedener Schmetterlingsarten, die ihre Eier an den Blattunterseiten der Pflanzen abgelegt haben. Zur Bekämpfung helfen am besten vorbeugende Maßnahmen: Nach dem Auffinden der ersten Fraßstellen solltest du deine Pflanzen regelmäßig kontrollieren. Bei kühler Witterung kannst du die befallenen Pflanzen morgens schütteln und die Raupen fallen leicht ab.

— **Schnecken** fressen an Blättern und Blüten und hinterlassen im Frühjahr oft

WINZIG & LÄSTIG

Weiße Fliegen sind hartnäckige Schädlinge. Bei günstigem Wetter vermehren sie sich stark und besiedeln liebend gern Kohlblätter.

3

4

den Totalschaden. Fraßstellen und zusätzliche Schleimspuren deuten auf einen Befall hin. Schnecken können am besten durch Absammeln reduziert werden.

Krankheiten

Pflanzenkrankheiten werden durch Pilze und manchmal auch durch Bakterien oder Viren ausgelöst.

— **Mehltau** ist eine häufig vorkommende Pilzkrankheit, die Blätter, Stängel und Früchte mit einem weißen, mehlartigen Belag überzieht. Die Folge sind Wachstumsstörungen und Verkrümmungen. Die Pflanze verliert Nährstoffe und die befallenen Pflanzenteile sterben im Extremfall ab. Temperaturschwankungen und zu viel Feuchtigkeit begünstigen Mehltau – gieße deine Pflanzen daher nur im Ausnahmefall am Abend. Wenn öfters Probleme mit Mehltau auftauchen, hilft Knoblauch. Du kannst ihn dazwischenpflanzen oder zu Brühe verarbeiten und sprühen.

— **Grauschimmel** ist bei der Pflanzenanzucht weit verbreitet. Ursache ist meist ein zu enger Pflanzenbestand in Kombination mit hoher Luftfeuchtigkeit und zu wenig Luftbewegung. Die Folge sind braune Faulstellen mit einem grauen

Pilzrasen an Blättern oder Blüten. Gegen Grauschimmel hilft es, den Pflanzen viel Luft und möglichst viel Platz zu geben. Sorge dafür, dass die Blätter nach dem Gießen schnell abtrocknen können. Eine kaliumbetonte Düngung stärkt die Pflanzen zusätzlich. Kommt es doch zum Befall, hilft das Sprühen mit Rainfarn-, Schachtelhalm-, Knoblauch- oder Wermutbrühe.

— **Rostkrankheiten** sind letztendlich auch Pilze. Sie breiten sich von der Blattunterseite her aus. Meist sind die Rosen als erste befallen: Zuerst erscheinen punktförmige, rostbraune Pusteln, die sich im Laufe der Zeit zu größeren Ringen oder Flecken ausdehnen. Auf der Blattoberseite entstehen gelbliche Flecken, die später braun werden. Die Pflanzen werden geschwächt – nicht selten führt Rost zum Totalverlust. Um die Krankheit zu bekämpfen, muss man alle befallenen Pflanzenteile entfernen (nicht in den Kompost!) Darüber hinaus können pflanzenstärkende Maßnahmen wie Acker-Schachtelhalmbrühe oder eine kaliumbetonte Düngung hilfreich sein. Bei akutem Befall helfen Spritzungen mit Brühe aus Rainfarn, Knoblauch oder Wermut.

1. Marienkäfer sind im Garten willkommen. Helle Blüten wie die der Schafgarbe ziehen die Käfer magisch an.

2. Schwarze Blattläuse treten häufig in Massen auf, diese Baldrianblüten sind voll davon. Aber das ist nicht so schlimm, denn es werden im Herbst nur die Wurzeln geerntet.

3. Mehltau ist ein hartnäckiger Pilz. Im Spätsommer befällt er besonders gern Kürbis- und Zucchini-Blätter.

4. Rostpilze kommen häufig auf Rosenblättern vor und richten großen Schaden an. Wenn es dir zu viel wird, kannst du resistente Sorten pflanzen.

Aus diesem Lavendelzweig lassen sich viele Stecklinge gewinnen. Stecklinge werden mit einem scharfen Messer nachgeschnitten, ohne die Schnittstelle dabei zu quetschen. Zum Bewurzeln steckst du sie am besten in Anzuchterde und hältst sie gut feucht.

PFLANZEN VERMEHREN

Die meisten Pflanzen werden durch Aussaat vermehrt, doch für manche gibt es auch bessere Möglichkeiten, denn einige Pflanzen produzieren keine keimfähigen Samen und bei anderen dauert die Vermehrung durch Aussaat einfach zu lange.

Stecklinge

Gut machbar ist die Vermehrung durch Stecklinge. Sie garantiert dir, dass die Jungpflanzen der Mutterpflanze gleichen. Jede Pflanze liefert zahlreiche Kopf- oder Teilstecklinge, die oft beim Rückschnitt anfallen. Kopfstecklinge sind Triebspitzen von Zweigen mit drei bis vier Blattpaaren, Teilstecklinge sind die darunterliegenden Teile des Triebs. Wenn du Stecklinge stecken möchtest, sollten diese stets frisch geschnitten werden und gesund sein. Verwende als Substrat nährstoffarme Aussaaterde, denn Nährsalze würden die neuen, jungen Wurzeln verbrennen. Als Erstes Töpfe oder Schalen mit Erde füllen, leicht andrücken und

wässern. Die Stecklinge vorsichtig in die Erde stecken und leicht andrücken. Zum Schluss behutsam gießen und überprüfen, ob alle Stecklinge fest in der Erde sitzen. Zum schnellen Bewurzeln brauchen Stecklinge hohe Luftfeuchtigkeit, Licht und viel Wärme. Am besten stehen sie auf einer warmen Fensterbank. Zur Erhöhung der Luftfeuchtigkeit kannst du sie mit Glas, durchsichtigen Kunststoffhauben oder Gefrierbeuteln abdecken.
Viele Stecklinge kannst du auch einfach ins Wasserglas stellen. Sie bilden dort schnell Wurzeln und können dann bald gepflanzt werden.

Wurzelteilung

Viele mehrjährige Blumen und Kräuter können einfach durch Teilung vermehrt werden. Dazu gräbst du den Wurzelballen aus, teilst ihn mit dem Spaten oder Messer und pflanzt die Teile wieder neu ein. Bester Zeitpunkt zum Teilen ist im Herbst oder Frühjahr.

MINZEN SCHNELL VERMEHRT

1. Minzen wuchern stark und bilden zahlreiche Ausläufer.

2. Bewurzelte Ausläufer einfach in ein Gefäß mit nahrhafter Erde pflanzen.

Ausläufer

Minze oder Erdbeeren bilden zahlreiche Ausläufer, die du für die Vermehrung oder Verjüngung nutzen kannst: Lege die Ausläufer auf mit Erde gefüllte Töpfe und stecke sie mit Draht oder Erde fest. Ein paar Wochen später, wenn die Ausläufer im Topf bewurzelt sind, kannst du sie von der Mutterpflanze abtrennen und umpflanzen.

WINTERSCHUTZ

Pflanzen aus wärmeren Regionen brauchen bei uns im Winter Wind- und Frostschutz, zum Teil müssen sie sogar im Haus überwintern.

Geschützt draußen überwintern

Schneide Ziersträucher wie Schmetterlingsflieder erst im Frühjahr in Form und decke sie, wenn möglich, für besonders kalte Nächte dick mit Fichtenzweigen ab. Halbsträucher aus dem Mittelmeerraum, zum Beispiel Thymian oder Salbei, können auf durchlässigen Böden und mit etwas Windschutz im Freiland überwintern. Die Erde darf nicht über einen längeren Zeitraum austrocknen, denn diese Pflanzen sind immergrün und vertrocknen während einer langen Frostperiode. Außerdem fangen sie in der ersten Frühjahrssonne schnell an zu treiben und werden dann oft durch Spätfröste geschädigt. Abhilfe schafft ein warmer Standort an der Hauswand oder eine schützende Decke aus Fichtenzweigen oder Laub. An sich winterfesten Kübelpflanzen wie Buchsbaum oder Lavendel tut es dennoch gut, wenn du die Töpfe auf Holzklötzchen stellst und sie mit luftdurchlässigen Tüchern einpackst, vor allem wenn längere Kälteperioden anstehen. So wird das Durchfrieren der Wurzelballen verzögert. Auch der Frühbeetkasten bietet Topfpflanzen einen guten Schutz.

1. Frostempfindliche Pflanzen werden in Ballentücher oder Jutesäcke gepackt und so vor Kahlfrösten geschützt.

2. Frühbeetkästen bieten getopften Jungpflanzen guten Winterschutz. Bei Sonne wird es manchmal sehr warm — gießen nicht vergessen.

3. Nicht winterfeste Pflanzen kannst du im Treppenhaus überwintern: hell und kühl.

Empfindliche Pflanzen dürfen ins Haus

Viele Kübelpflanzen wie Oleander, Zitrus, Oliven und die meisten Rosmarinsorten sind nicht winterfest. Sie müssen im Spätherbst in einen frostfreien, hellen, maximal 10 °C warmen Raum, zum Beispiel Keller oder Treppenhaus, geräumt werden. Die immergrünen Pflanzen wachsen auch im Winter weiter: Sie brauchen ab und zu Wasser – aber Staunässe vermeiden! Im Frühjahr werden sie umgetopft (alle zwei bis drei Jahre reicht), in Form geschnitten und vorsichtig wieder an das direkte Sonnenlicht gewöhnt. Petersilie, Schnittlauch, Kresse, Kerbel, Basilikum und Melisse wachsen ebenfalls im Winter weiter. Um sie frisch ernten zu können, kannst du sie in einen warmen oder wenigstens temperierten Raum mit möglichst viel Licht stellen. Helle Küchenfensterbänke sind perfekt.

1

2

3

FRISCHER SPINAT — IMMER LECKER

Im Frühjahr wächst alles sehr schnell und du kannst deinen Pflanzen beim Wachsen fast zuschauen. Spinat zum Beispiel kannst du schon wenige Wochen nach der Aussaat ernten. Die knackigen Blätter lassen sich roh oder gekocht essen.

Ernte – die schönste Arbeit

Ernten macht Spaß und ist der Lohn für all die Mühe während der Saison. Obst, Gemüse und Kräuter schmecken frisch aus dem Garten am besten.

Einige Pflanzen wie Salat, Radieschen, Petersilie oder auch Basilikum müssen roh verzehrt werden, denn sie lassen sich, wenn überhaupt, nur mit Geschmacksverlust konservieren. Gut ist es daher, wenn du diese Pflanzen zeitversetzt in mehreren Sätzen pflanzt. So werden sie nach und nach reif und du hast über einen längeren Zeitraum etwas zum Ernten. Das meiste Obst und Gemüse, egal ob Kirschen oder Äpfel, Kohl, Spinat, Zwiebeln oder Bohnen, solltest du erst ernten, wenn es richtig schön reif ist.

LAGERN & HALTBAR MACHEN

Manchmal fallen auch im kleinsten Stadtgarten zur Haupterntezeit so große Mengen an, dass man sich überlegen muss, wie man alles lagern kann.

Gemüse

Wurzelgemüse wie Möhren, Pastinaken, Sellerie oder Rote Bete kann man gut einschlagen. Dazu gräbst du die Wurzeln im Garten ein oder legst sie in Kisten und füllst diese mit Sand. Damit deine Wurzeln im Winter nicht erfrieren, solltest du sie mit Stroh, Erde oder Laub gegen Frost schützen. Kohl, Spinat oder Melde können in der Küche fertig zubereitet und dann portionsweise eingefroren werden. Bohnen und Erbsen werden frisch verzehrt, eingefroren oder getrocknet.

Kräuter

Frische Kräuter lassen sich fast während des ganzen Sommers ernten. Oft wirst du so viele Kräuter haben, dass du sie für später haltbar machen musst und das geschieht am besten durch Trocknen. Blätter von Minze, Salbei oder Oregano werden kurz vor der Blüte gesammelt, ihr Aroma ist dann am intensivsten. Geerntet wird in den Morgenstunden an trockenen Tagen.

Die jungen, aber voll entwickelten Blüten von Malven, Kamille oder Ringelblumen sammelst du am besten mittags, wenn diese voll aufgeblüht sind.

Früchte oder Samen von Kräutern (zum Beispiel Dill oder Fenchel) können als

OBST ERNTEN

Pflücke Obst erst, wenn es gut reif ist und iss es möglichst frisch. Ist etwas übrig, kannst du es im Keller lagern, einkochen oder zu Marmelade verarbeiten.

1

2

1. Die Zutaten für den Smoothie gut waschen und kleinschneiden.

2. Dann kommt alles in den Mixer, ein wenig Wasser oder Saft dazu – fertig!

SMOOTHIE-PFLANZEN

KRÄUTER

— Brennnessel   — Ringelblume

— Löwenzahn   — Süßdolde

— Minze   — Zitronenmelisse

GEMÜSE

— Erbsen   — Kürbis

— Fenchel   — Salat

— Karotte   — Spinat

— Kohl   — Tomate

OBST

— Apfel   — Himbeere

— Birne   — Johannisbeere

— Erdbeere   — Kirsche

Gewürze oder Tee verwendet werden: Immer im vollreifen Zustand sammeln und anschließend trocknen. Vorsicht: Kümmel- oder Fenchelsamen nicht zu spät ernten, da sie sonst einfach von ihren Stielen fallen und verloren gehen.
Wenn du Kräuterwurzeln ernten möchtest, ist der Herbst oder Winter der beste Zeitpunkt. Die Wurzelernte beginnt, wenn die Pflanze sich vollständig zurückgezogen hat – die Wurzeln haben dann das meiste Aroma. Die Wurzeln von Engelwurz, Baldrian oder auch Meerrettich kannst du trocknen oder genau wie Wurzelgemüse in den Einschlag bringen.

KAPUZINERKRESSE

BUSCHBOHNE

SONNENBLUME

GLOCKENBLUME

MÖHRE

KOPFSALAT

DILL

KORNBLUME

Die Samen sind so verschieden und schön wie die Pflanzen selbst. Nicht vergessen: Saatgut gleich
nach der Ernte beschriften, sonst kommt es später leicht zu Verwechslungen.

DIE KRÖNUNG DES GÄRT-NERNS: EIGENES SAATGUT

Es ist noch nicht lange her, da war die Saatguternte von zentraler Bedeutung. Ohne die Samenernte konnten Bauern und Gärtner kaum überleben. Sie ließen einen Teil ihrer Pflanzen stehen und sammelten später Früchte und Samen. So war der Anblick von schießendem Salat oder auch blühendem Kohl im Garten völlig normal. Natürlich wurde Saatgut nur von besonders schmackhaften und robusten Pflanzen gewonnen – Pflanzenzucht durch Auslese. Sie wurde über viele Generationen praktiziert und führte dazu, dass in jeder Region besonders widerstandsfähige Sorten entstanden, die extrem gut an ihre Standorte angepasst waren und daher besonders gesund und lecker waren. Diese Landsorten oder Regionalsorten, besonders von Gemüsekulturen, gab es sehr zahlreich und sie wurden häufig auch weitergegeben.

Doch die Saatguternte machte viel Arbeit. Einige Betriebe begannen, sich auf die Pflanzenzüchtung zu konzentrieren und die Kommerzialisierung nahm ihren Lauf. Verwandte Pflanzenarten und natürlich auch Sorten wurden miteinander gekreuzt und es entstanden die sogenannten Hybriden.

Heute werden reinerbige Inzuchtlinien der Pflanzen als Elterngenerationen verwendet und die erste Generation der Nachfolger nennt man F1-Hybride. Der große Vorteil der F1-Hybriden ist, dass sie uniform sind, das heißt, bei ihnen ist gewährleistet, dass die Nachkommen, also alle neuen Pflanzen, den Eltern wirklich gleichen. Der große Nachteil ist, dass die Nachfolger dieser F1-Hybriden deutlich an Vitalität verlieren und so die Saatgutgewinnung von eigenen Pflanzen unmöglich gemacht wird, beziehungsweise sich nicht lohnt. Die Verwendung des Hybridsaatguts setzte sich im Erwerbsanbau

TOMATEN: EIGENES SAATGUT GEWINNEN

Eigenes Saatgut ist der Stolz eines jeden Gärtners. Die meisten alten Tomatensorten sind sortenrein — da macht das Saatguternten richtig Sinn.

1.
Für die Saatgutgewinnung solltest du nur die Tomaten nehmen, die richtig reif sind: gut ausgefärbt und mit weichem Fruchtfleisch. Als erstes werden die Tomaten halbiert.

2.
Du kannst die Tomatenhälften mit einem Teelöffel auskratzen. Samen und Fruchtmark sind eine klebrige Masse und werden in einer Schale gesammelt.

3.
Jetzt müssen Fruchtmark und Samen getrennt werden. Dazu wird die Schale mit Wasser gefüllt und bleibt zwei bis drei Tage stehen. Wasser wenn möglich täglich wechseln.

4.
Der Samen trennt sich vom Fruchtmark und schwimmt auf dem Wasser. Du kannst ihn jetzt mit einem Sieb abnehmen und gründlich mit klarem Wasser spülen.

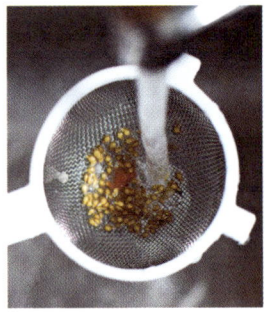

5.
Jetzt muss der Samen gut trocknen. Am besten legst du ihn auf saugfähiges Papier. Es dauert nun einige Tage, bis das Saatgut vollständig trocken ist.

6.
Nach dem Trocknen wird das Saatgut vom Papier gelöst und kommt in Papiertüten oder kleine Dosen. Bis zur nächsten Aussaat trocken lagern. Nicht vergessen: Sorte und Erntedatum aufschreiben.

schnell durch und die alten, durch Auslese entstandenen Sorten verschwanden nach und nach. Da man von Hybriden kein Saatgut nehmen kann, weil die Eigenschaften der jungen Pflanzen nie denen ihrer Eltern gleichen, muss Saatgut also immer wieder neu gekauft werden – diesen Markt teilen sich wenige große Produzenten. Da haben es natürlich die alten, regionalen Sorten schwer – viele sind bereits ausgestorben oder fast verschwunden.

So gehts

Also ist es gut, wenn du in deinem Garten gleich mit Wildpflanzen und sortenecht fallenden Züchtungen startest und alte Sorten in deinen Garten holst. Lass von möglichst jeder Pflanze, die du wieder anbauen möchtest, egal ob Blumen,

> **»Wer ernten will,
> muss erst den Samen streuen.«**
>
> William Shakespeare

Kräuter, Kohl oder Salat, eine oder zwei stehen. Ernte sie nicht und schau mal, was geschieht. Sie werden blühen, manche erst im zweiten Jahr, und setzen dann Früchte an. Auch die Früchte bleiben stehen, bis sie schön trocken sind und die Samen in ihnen reif sind. Schneide sie rechtzeitig – bevor

die Samen ausfallen – ab. Die Fruchtstände werden auf Papier ausgelegt und dürfen im Zimmer, zum Beispiel auf der Fensterbank, noch nachtrocknen. Dabei fällt manchmal der Samen schon aus, er landet dann aber auf dem Papier. Nach spätestens zwei Wochen sollten Fruchtstände und

Samen durchgetrocknet sein, dann geht es an die Saatgutreinigung. Dazu werden die Fruchtstände zerbröselt und die Samen in einer Schale aufgefangen. Nun geht es darum, Samen und Spreu zu trennen. Du kannst den Spreu vorsichtig auspusten oder den Samen mit verschieden großen Sieben aussieben. Das gereinigte Saatgut wird in Papiertüten bei Zimmertemperatur gelagert und im nächsten Jahr verbraucht. Im kommenden Jahr steht dann immer frisches, eigenes Saatgut zur Verfügung. Meistens erntest du mehr Saatgut, als du selbst wirklich benötigst und kannst es mit Freunden, Nachbarn oder auch auf Pflanzenbörsen teilen oder tauschen. Schon ist der Grundstein für eine große Pflanzenvielfalt in unseren Stadtgärten gelegt.

VOR
DEM

ÄRTEN

FENSTER

TOPFPARADE

Es müssen nicht immer Zimmerpflanzen oder Geranien sein. Viele Nutzpflanzen
wachsen gut im Topf und sind auch für die Fensterbank geeignet. Bei richtigem
Licht wachsen sie prima und du kannst sie dort ganz individuell gießen und pflegen.

———

»Das Leben beginnt
mit dem Tag, an dem man
einen Garten anlegt.«

Chinesisches Sprichwort

Der Garten auf der Fensterbank

Gerade Kräuter und kleinwüchsiges Gemüse sind oft genügsam und können sehr gut in Töpfen oder Kästen auf der Fensterbank gehalten werden. So gibt es immer was zu ernten.

W o ein Fenster vorhanden ist, passen meist auch Blumentöpfe oder ein Balkonkasten hin. Am idealsten ist die Außenfensterbank, doch wenn es nicht anders geht, wachsen die Pflanzen – manche zumindest – auch innen. Dort sind die Pflanzen vor Wind und Regen geschützt, bekommen aber nur durch Glas gefiltertes Sonnenlicht ab. Das ist nicht optimal. Sie sind weniger robust und natürlich leidet das Aroma.

DIE BESTE BANK

Aber viel wichtiger als die Frage, ob drinnen oder draußen, ist es, dass du den richtigen Standort für deine Pflanzen findest. Sonnenhungrige Pflanzen wie mediterrane Kräuter und die meisten Gemüsearten gehören an ein Süd- wenigstens aber Westfenster. Für Ost- oder gar Nordfenster kommen Pflanzen mit weniger Lichtbedarf infrage (siehe Pflanzenporträts). Am einfachsten funktioniert der Anbau natürlich in Blumentöpfen. So kannst du jede Pflanze individuell gießen

und düngen und wenn der Platz später nicht mehr reicht, auseinanderstellen.

Pflanzen für die Fensterbank

Geeignet sind Pflanzen, die nicht allzu groß werden und die nicht unbedingt eine dicke Pfahlwurzel ausbilden – auf Pastinaken musst du also leider verzichten. Alle möglichen Kräuter, aber auch schnell wachsendes Blattgemüse wie Rucola, Salat oder Spinat wachsen gut. Nimm einfach einen klassischen Balkonkasten. Er kann auf der Außenfensterbank gut fixiert werden und steht auch sicher auf der Innenfensterbank.
Bei der Bepflanzung eines Kastens solltest du darauf achten, dass alle Pflanzen im gleichen Kasten einen ähnlichen Wasser- und Nährstoffbedarf haben. So können zum Beispiel mediterrane Kräuter wie Thymian, Rosmarin und Salbei gut zusammen in einen Kasten gepflanzt werden oder du säst Pflücksalat oder Spinat in Reihen aus. Selbst Radieschen reifen im Balkonkasten gut aus.

WINDOWFARMING

Es gibt auch drinnen mehr als nur Zimmerpflanzen! Duftende Kräuter, essbare Blüten, Salate und Chili funktionieren besser, als du dir vorstellen kannst.

1.

So wenig brauchst du für deine Windowfarm: Aquarienschläuche, PET-Flaschen, Kabelbinder, eine Kette, Haken und etwas Werkzeug sowie Dränagematerial und Erde.

2.

Die PET-Flaschen werden aufgeschnitten, mit Erde gefüllt und bepflanzt. Vorher solltest du den Flaschenhals mit einer Dränage füllen. So verhinderst du, dass sich der Schlauch mit Erde zusetzt.

3.

Die Flaschen werden mit einer Nietenzange gelocht und mit Kabelbindern an der Kette aufgehängt. Am besten hängst du wenigstens drei Flaschen übereinander auf.

4.

Wenn alle Flaschen hängen und bepflanzt sind, verbinde sie mit den Schläuchen und fülle noch fehlende Erde auf. Die Schläuche werden einfach in die Erde gesteckt.

5.

Die Windowfarm ist fertig, wenn alle Flaschen durch Schläuche miteinander verbunden sind. Du kannst sie mit einem Haken überall aufhängen.

6.

Alle Pflanzen werden angegossen und können nun wachsen. Später brauchst du nur noch die obere Flasche mit Wasser zu versorgen. Durch die Schläuche sickert das Gießwasser bis in die unterste Flasche durch.

Auch wenn die Fensterbank fehlt, kannst du vor dem Fenster gärtnern:
Ein Brett mit Löchern hält die Töpfe.

PAPIER-SAATSCHEIBEN SELBST HERSTELLEN

1. Als Erstes wird das (Filter-)Papier zur Hälfte mit einer Mischung aus Mehl und etwas Wasser satt eingestrichen.

2. Das Saatgut wird im richtigen Abstand auf der Masse verteilt (größere Körner = mehr Platz).

3. Das Papier wird umgeklappt und zusammengedrückt, bis alles durchfeuchtet ist.

4. Trocknen lassen und anschließend kühl, dunkel und trocken lagern.

WENN SONST NICHTS WÄCHST: SPROSSEN

Selbst auf allerkleinstem Raum kannst du noch gärtnern. Besonders einfach ist die Anzucht von Keimsprossen und Sprösslingen. Sie wachsen auf der Fensterbank deiner Küche – selbst bei schlechtem Licht. Für die Sprossenkultur sind Gemüsearten wie Salat, Spinat, Erbsen, Linsen und Kohl, aber auch würzig schmeckende Pflanzen wie Senf, Kresse, Radieschen oder Rucola geeignet.

Ganz einfach!

Die Samen bei Zimmertemperatur etwa sechs Stunden in Wasser einweichen und dann in die mit Anzuchterde gefüllten Kästen aussäen. Anschließend werden die Samen dünn mit Erde abgedeckt (Ausnahme: Lichtkeimer!) und vorsichtig angegossen. Nach vier bis acht Tagen kannst du die Keimsprossen abernten oder noch etwas stehen lassen. Aus den Keimsprossen werden so Mini-Sprösslinge, die du einfach abschneiden kannst – ab damit auf Butterbrot, Salat oder in den nächsten Smoothie.

TIPP

Pflanzen in kleinen Gefäßen brauchen die beste Erde, die du bekommen kannst. Nach einjährigen Kulturen kannst du die gebrauchte Erde noch einmal verwenden, wenn du auf die Fruchtfolge achtest: Auf Pflanzen mit hohem Nährstoffbedarf folgen solche mit geringen Ansprüchen und umgekehrt.

Sommer auf dem Balkon

Im Prinzip eignen sich fast alle Pflanzen für den Balkon, du solltest nur ihren Licht- und Platzbedarf kennen. Wenn das passt, kannst du dich auf ein Blütenmeer und eine reiche Ernte freuen.

Dachgärten und Balkone sind auf Topf- und Kübelpflanzen angewiesen. Die dazu notwendigen Gefäße gibt es in allen erdenklichen Größen, Formen und Materialien.

Klassiker

Terrakotta ist seit vielen Jahren der Klassiker für Balkone – natürlich schlicht oder kunstvoll getöpfert. Terrakottatöpfe haben echte Vorteile: Die Gefäße sind schwer und geben den Pflanzen auch bei Wind und Sturm Standfestigkeit. Außerdem sind sie luftdurchlässig, das fördert die Atmung der Wurzeln. Nachteile: Große bepflanzte Töpfe und Kästen sind schwer zu bewegen und Wurzelballen trocknen schnell aus. Frostharte Qualität ist wichtig, wenn die Töpfe den Winter über draußen bleiben sollen. Bunte Alternative: Gefäße aus Keramik, meistens farbig lasiert. Sie halten die Feuchtigkeit gut und sind nicht luftdurchlässig.

Ausrangiert

Muss es immer ein gekaufter Topf sein? Es gibt genügend Dinge, die man zu Pflanzgefäßen umfunktionieren kann – alte Lampenschirme, Schubladen, Lebensmittelkisten … Hauptsache sie haben ausreichend große Löcher im Boden, damit es nicht zu Staunässe kommt. Besonders haltbar sind verzinkte Töpfe und Kästen. Ausgediente große Konservendosen, Waschmittelboxen oder alte Zinkwannen kannst du auf dem Sperrmüll oder Flohmärkten finden. Auch hier gilt: Am besten du durchlöcherst den Boden oder du schaffst zumindest eine Dränage aus Kies – ein paar Zentimeter hoch. Kunststoffgefäße sind super leicht, zerbrechen selten und verwittern kaum – sie sind optimal geeignet für Dächer und Balkone. Günstiger und noch haltbarer sind große Maurerkübel und Baueimer. Darin hat sogar eine Kürbispflanze oder ein Obstbäumchen Platz.

MANDARINE

BASILIKUM

TOPFKRÄUTER
Kräuter kommen mit
wenig Platz auf dem
Balkon meist gut aus.

THYMIAN

SCHNITTLAUCH

MINZE

1. Super Dachterrasse: Sie bietet viel Raum für sonnenhungrige Pflanzen und den Blick auf die Stadt bekommt man gratis dazu.

2. Das zweite Wohnzimmer an der frischen Luft ist nicht nur für Pflanzen ein Ort zum Wohlfühlen.

Größere Pflanzen lassen sich gut in Kisten halten. Dabei ist es egal, ob du Bäckerkisten aus Kunststoff benutzt oder dir selber Holzkisten baust: Ausrangierte Einmalpaletten sind genau das richtige Baumaterial. Das Holz ist relativ dick und du kannst die Kisten über mehrere Jahre nutzen. Noch haltbarer werden sie, wenn du sie innen mit Teichfolie auskleidest.

FÜR JEDE PFLANZE DER RICHTIGE PLATZ

Wenn du viel Platz hast, kannst du zuerst große Kübel oder Kästen aufstellen. Hier ist Platz für Sträucher, Säulenäpfel, Beerenobst oder Gemüse mit größerem Platzbedarf wie Zucchini, Tomaten, Garten-Melde, Mangold und einige Kohlsorten. In großen Kübeln direkt an der Wand mit Spalier oder einfach am Balkongitter aufgestellt kannst du auch Kletterpflanzen ziehen: Wie wär's mit Gurken? Oder Feuerbohnen – sie wachsen einjährig, begrünen von alleine ruckzuck Wände und Gitter, blühen dabei üppig feuerrot und die reifen Bohnen sind gekocht sogar essbar. Wenn die großen Kübel aufgestellt sind, kannst du mittelgroße Töpfe und Kästen dazwischen verteilen: Darin ist Platz für Kräuter, Blumen und kleiner bleibende Gemüse wie Zwiebeln, Knoblauch, Rote Bete und Salate. Beim Aufstellen solltest du ein bisschen gucken, dass größere Pflanzen die kleineren nicht unnötig beschatten.
Sind alle Töpfe aufgestellt, kann man noch Balkonkästen am Geländer anbringen oder einfach an die Hauswand montieren. Wo genug Platz ist, natürlich

1

1. Kästen sorgen für zusätzlichen Lebensraum auf dem Balkon.

2. Der hängende, ausrangierte Lampenschirm sieht cool aus und bietet dem Thymian genug Platz.

2

auch in mehreren Etagen. Bei den Innenseiten der Geländer ist darauf zu achten, dass alle Pflanzen genug Licht bekommen, sonst werden hier nur Schattenpflanzen glücklich. Die einzelnen Pflanzen, die sich einen Kasten teilen, sollten möglichst ähnliche Standortbedingungen besitzen und genug Platz haben, sich voll zu entwickeln.

An Wänden oder bei überdachten Balkonen kannst du auch oben noch Ampeln oder Körbe mit Blumen aufhängen – oder mit Hängeformen von Nutzpflanzen wie Kapuzinerkresse, Rosmarin, Thymian oder Erdbeeren.

STRING-GARDEN

Einfach Pflanzen in kleinen Töpfen in unterschiedlichen Abständen und Höhen an stabilen Fäden aufhängen. Perfekt für Mini-Balkone — so hast du mehr Pflanzen um dich herum und einen Sichtschutz.

Pflanzen für jede Lage

Sonnig hängende Balkonkästen werden mit Sommerblumen, mediterranen Kräutern, Erdbeeren, Salat, Spinat oder Radieschen bepflanzt. In schattigeren Lagen wachsen Frühlingsblüher wie Waldmeister, Bärlauch oder Schlüsselblumen oder auch Gemüse mit geringerem Lichtbedarf wie Salate (siehe Porträts) noch ganz gut.

1

1. Mini-Seerosen kannst
du schnell und einfach
einpflanzen: austopfen
und in einen Kunststoff-
Gitterkorb setzen.

2. Nach der Pflanzung die
Oberfläche des Korbs mit
Kieselsteinen bedecken.
Zum Schluss werden die
Körbe mit Steinen am
Boden des Gefäßes fixiert.

2

DER WASSERGARTEN IN DER STADT

Wasser ist Leben – schon eine Vogeltränke oder ein
Eimer mit Wasserpflanzen lassen Balkon und Terrasse
lebendiger wirken. Willst du Insekten oder Vögel am
Wasser beobachten, Seerosen blühen sehen oder Wasserminze naschen, ist ein Wassergarten vielleicht genau
das Richtige für Dich. Das muss nicht zwangsläufig ein
großer, tiefer Teich sein. Es gibt auch kleine Varian-
ten für Balkone und Dächer: Maurerkübel, halbierte
Fässer, Natursteintröge oder Zinkwannen. Hauptsache du hast einen Platz im Halbschatten – direkt in
der Sonne wird das Wasser zu warm und es wachsen
ruckzuck Algen.

Gefäß + Steine + Wasser + Pflanzen = Mini-Teich

Auf den Grund des Gefäßes kommen ein paar Steine.
Das sieht gut aus und bietet Wasserpflanzen ein wenig
Halt. Anschließend füllst du Wasser auf und kannst
mit der Bepflanzung loslegen: Klassische Wasserpflanzen für Mini-Wassergärten sind Tannenwedel,
Wasserpest oder Hornblatt. Sie reichern das Wasser
mit Sauerstoff an und helfen so bei der Reinigung.
Allerdings wachsen die Pflanzen ziemlich schnell –
um das Reduzieren und Eindämmen kommst du bei
kleinen Gefäßen nicht drumrum. Hübsch sind natürlich Seerosen – für den Mini-Wassergarten kommen
die Zwergsorten infrage.

Die alte Zinkwanne ist schnell zum Mini-Teich umfunktioniert. Kleine Wassergärten brauchen häufig frisches Wasser und Pflege, sonst hast du bald Algen und das macht wenig Spaß.

TIPP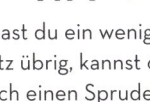

Hast du ein wenig Platz übrig, kannst du noch einen Sprudelstein einbauen. Er liefert eine entspannt plätschernde Atmosphäre und reichert das Wasser zusätzlich mit Sauerstoff an.

Eine ausrangierte Mülltonne wird zum Wassergarten: Einfach reinigen, Wasser einfüllen, bepflanzen – fertig.

Grüne Dächer

Gründächer in der Stadt, das hat was. Sie bilden ökologische Ausgleichflächen und verbessern das Klima in ihrer Umgebung. Außerdem bieten sie Lebensraum für Pflanzen und Tiere.

Eine gelungene Dachbepflanzung: Stauden begrünen die Fläche und Gehölze stehen in Kübeln.

Leider sind nicht alle Dächer für die Begrünung geeignet. Dachaufbau, Neigungswinkel und die Statik des Daches spielen eine entscheidende Rolle. Wenn du unsicher bist, hole dir am besten Rat bei einem Bausachverständigen. Grundsätzlich muss zwischen extensiver und intensiver Dachbegrünung unterschieden werden.

EXTENSIVE BEGRÜNUNGEN

Sie werden naturnah angelegt und mit besonders robusten Pflanzen bepflanzt, die auch längere Trockenperioden überstehen. Hier entsteht eine möglichst geschlossene Pflanzendecke. Extensiv begrünte Flächen benötigen wenig Substrat – man kann sie gut auf flachen oder leicht geneigten Dächern anlegen, sogar auf Garagen und Carports.

Aufbau für ein grünes Dach

Grundsätzlich wird ein Gründach in verschiedenen Schichten aufgebaut. Zuerst wird die Dachfläche grob gereinigt und auf eventuelle Schäden untersucht. Ist alles in Ordnung, wird eine Wurzelschutzfolie ausgelegt. Anschließend kommen ein Schutzvlies und eine Dränageschicht (z. B. Dränageplatten) obenauf – für den schnellen Ablauf von überschüssigem Wasser. Darauf folgt ein weiteres Vlies, auf dem das Substrat verteilt wird. Für die Extensivbegrünung reicht eine Substratschicht von 6 bis 8 cm. Zum Schluss wird Saatgut ausgebracht und gewässert.

INTENSIV-BEGRÜNUNGEN

Das sind fast schon richtige Gärten. Sie erhalten wesentlich mehr Substrat und haben so ein erheblich höheres Gewicht:

SONNEN-FANS

Tomaten sind dankbare Pflanzen für die Dachterrasse, sie wachsen ohne Probleme in Gefäßen und lieben volle Sonne.

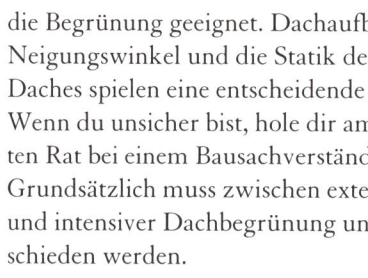

PFLANZEN FÜR DIE EXTENSIVE DACHBEGRÜNUNG

Berg-Astern

Färberkamille

Feld-Thymian

Felsen- und Heide-Nelke

Glockenblumen

Leinkraut

Mauerpfeffer, Tripmadam *(Sedum)*

Oregano und Dost

Seifenkraut

Der Treppenabgang wird durch Blumenkübel zum echten Hingucker.

Das ist nur auf Flachdächern sinnvoll. In solchen Dachgärten können Rasenflächen angelegt und auch Gehölze, Gemüse oder Stauden wie Frauenmantel, Flockenblume, Katzenminze, Teppich-Phlox oder Storchschnabel gepflanzt werden. Als Gehölze eignen sich Felsenbirne, Wacholder, Berberitzen, Schneeball oder Zwergmispel, außerdem Halbsträucher wie Lavendel oder Salbei.

Intensiv begrünte Dächer werden im Prinzip genau wie extensiv begrünte aufgebaut. Sie unterscheiden sich hauptsächlich in der Menge des Substrats: Die Höhe des Gesamtaufbaus kann von 25 bis 100 cm variieren und hängt im Wesentlichen von den ausgewählten Pflanzen ab. Bäume und Sträucher benötigen natürlich erheblich mehr Wurzelraum als Stauden und Rasen.

VORGÄRTEN &

HINTERHÖFE

PFLANZEN BRINGEN LEBEN

Selbst trostlose Hinterhöfe lassen sich durch Pflanzen auf dem Boden und an den Hauswänden aufhübschen. Besonders viel Spaß macht es, alte Gefäße, Baumaterialien oder Europaletten weiterzuverwenden.

»Blumen sind
das Lächeln der Erde.«

Ralph Waldo Emerson

Gärtnern hinterm Haus

Zum Gärtnern brauchst du wirklich keine großen Flächen. Fürs Erste reicht ein Vorgarten oder Hinterhof auf alle Fälle aus. Und so hast du alles in der Nähe deiner Wohnung.

Wenn du geklärt hast, ob du den Platz vor oder hinter deinem Haus nutzen darfst, kann es losgehen. Schau dir deinen künftigen Garten genau an: Sonne, Halbschatten oder Schatten, versiegelte Flächen oder zumindest ein paar Quadratmeter mit offenem Boden (ohne Hundeklo-Gefahr), Freiflächen oder Bewuchs mit Büschen oder Bäumen – all das hat Auswirkungen auf Planung und Pflanzenwahl.
Hast du Bauschutt, Baumwurzeln oder gepflasterte Flächen, kannst du auf Topfgärten, Hochbeete oder Kräuterschnecken ausweichen.

HOCHBEETE

Viele Stadtgärten liefern für den Anbau in Hochbeeten gleich mehrere gute Gründe, denn Stadtgärten entstehen häufig auf sehr schlechten Böden. Vorgärten, Hinterhöfe und Brachflächen sind oft versiegelt oder der Boden ist verdichtet, schwer oder nass. Auch Sandböden sind nicht für alle Pflanzen geeignet und leider ist außerdem nicht immer klar, ob der Boden mit Altlasten verseucht ist.

Selbst gebaut

Die Form der Hochbeete richtet sich nach ihrem Zweck und deinem Geschmack. Am einfachsten zu bauen sind rechteckige Kastenbeete, die 30 bis 80 cm hoch sind und höchstens 150 cm breit. Für Hochbeete aus Holzbohlen werden die Bretter einfach verschraubt oder mit Winkeln verbunden und durch Holzpfähle an ihrem Standort fixiert. Gut geeignet und lange haltbar sind Bohlen aus Lärchen-, Robinien- oder Eichenholz. Günstiger in der Beschaffung, allerdings weniger haltbar sind Hochbeete aus Fichtenholz. Fichtenholz muss man oft nicht mal kaufen, denn ausrangierte Einmalpaletten sind leicht aufzutreiben. Du kannst einfach mit einem Kastenbeet anfangen und später, wenn du genügend Holz hast, anbauen. So entstehen richtige Hochbeetanlagen.

KUNST IM HOF

Maurerkübel sind schwarz und wirken als Pflanzkübel monoton. Du kannst Abhilfe schaffen, indem du ein Kunstwerk daraus machst.

1

2

1. Mauern speichern Wärme mehr als genug. Das wissen Sonnenliebhaber wie Wein, Tomaten und Oregano in Kübeln oder Pflanzsäcken besonders zu schätzen.

2. Oft sind Hofflächen komplett versiegelt und lebensunfreundlich. Hochbeete und Pflanzkübel schaffen Abhilfe.

Auch Palisadenhölzer sind zum Bau von Hochbeeten gut geeignet. Es gibt sie in verschiedenen Längen und Stärken und da sie senkrecht in den Boden gerammt werden, können die Beete alle erdenklichen Formen bekommen. Willst du Kräuter und Gemüse in deinen Hochbeeten anbauen, solltest du darauf achten, dass die Hölzer nicht mit giftigen Chemikalien imprägniert wurden. Besonders lange haltbar sind Hochbeete aus Steinen – Kalksandstein, Ziegel- oder Naturstein. Vielleicht findest du bei dir in der Gegend Grund-

stücke mit Abbruchhäusern. Fragen kostet ja nichts. Ansonsten sind Recyclinghöfe eine gute Adresse. Hier bekommst du Baumaterialien häufig

GUTE FREUNDE

Minze *(Mentha)* im Topf – Katzenminze *(Nepeta)* würde das Katzenherz noch höher schlagen lassen.

super günstig. Wegen ihres hohen Gewichts benötigen Steinhochbeete immer ein Fundament aus Beton.

Für das Pflanzenwachstum bieten Hochbeete ein großes Plus. Beim Füllen kannst du unmittelbar auf den Bedarf der einzelnen Pflanzen eingehen. Den vorhandenen Mutterboden kannst du gut aufbereiten, indem du tonhaltige Erden mit Humus und Sand vermischst und sandige Erden mit Lehm und Mineralien. Am besten ist eine Füllung aus Häckselgut, Laub, Mutterboden und Kompost. Das so gefüllte Hochbeet

GÄRTNERN VOR DER HAUSTÜR

1. ÜBERALL IST PLATZ
Fast jedes Eck lässt sich zum Gärtnern nutzen: Hängeampeln, Kübel und kleine Beete bieten Platz für schattenverträgliche Pflanzen.

2. ORANGENGLÜCK
Mit Orangen- oder Zitrus-Bäumchen beginnt der Urlaub vor der Haustür.

3. KÜBELPARADE
Große Gefäße – perfekt zum Aufhübschen von langweiligen Pflasterflächen.

4. BAUSTAHLGITTER MIT DOPPELNUTZEN
Türme für Erdbeeren und Kräuter liefern Ernte auf Augenhöhe.

Durch Hochbeete werden Steinwüsten zu Gärten und Hinterhöfe zum Lebensraum. Besonders praktisch: mobile Hochbeete.

PFLANZEN FÜR HOCHBEETE

1. Fast alle Pflanzen wachsen sehr gut in Hochbeeten, wenn die Erdmischung stimmt. Die meisten Kräuter sind Schwach- oder Mittelzehrer.

2. Kapuzinerkresse – farbenfroh und lecker. Blüten und Blätter sind essbar.

3. Tomaten und Salat sind im Garten gute Nachbarn und das gilt natürlich auch in Hochbeeten.

4. Kohl braucht viele Nährstoffe und daher im Hochbeet eine gute Kompostgabe.

erwärmt sich schnell und setzt langsam Nährstoffe frei. Das sind perfekte Wachstumsbedingungen für fast alle Pflanzen.

KRÄUTERSCHNECKE

Die dreidimensionale Anlage einer Kräuterspirale schafft ideale Bedingungen für unterschiedliche Kräuter auf engstem Raum: 4 m² reichen aus.

Selbst gebaut

Das beste Baumaterial ist natürlicher Kalkstein, den du im Steinbruch oder im Recyclinghof bekommst. Such dir einen sonnigen Platz für die Kräuterschnecke aus und entferne dort die Pflanzen, sofern welche vorhanden sind.

Nach dem Planieren der Erde werden die Steine aufgeschichtet: Die schneckenhausförmig verlaufenden Mauern steigen zur Mitte hin an. Das so entstandene spiralförmige Beet wird zunächst mit einer dicken Schicht Schotter dräniert und anschließend mit verschiedenen Erden aufgefüllt. In einer Kräuterspirale bekommen alle Kräuter den passenden Boden. Im oberen Bereich sollte dieser mager, kalkig und trocken sein. Er schafft gute Bedingungen für Mittelmeerkräuter wie Thymian, Rosmarin, Lavendel, Weinraute oder Salbei. Es folgt eine humose, trockene Zone, die etwas halbschattig liegt: ideal für Pimpinellen, Kümmel, Oregano,

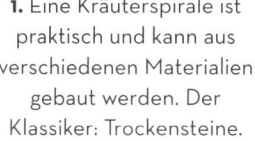

1. Eine Kräuterspirale ist praktisch und kann aus verschiedenen Materialien gebaut werden. Der Klassiker: Trockensteine.

2. Kräuterpyramiden aus Holz schaffen Lebensraum in mehreren Etagen. So ist jeder Zentimeter Platz im Hof gut genutzt.

Ysop und Zitronen-Melisse. Weiter unten wird der Boden mit viel Kompost angereichert. Es entstehen feuchtere, humose und sonnige Zonen. Hier wachsen Küchenkräuter wie Petersilie, Schnittlauch und Kerbel sehr gut. Am Fuß der Spirale wird der Boden nährstoffreich und nass, und optimal wäre es, wenn hier ein kleiner Teich den Abschluss bilden würde – er dient als Vogeltränke und außerdem lieben es Wasserpflanzen wie Brunnenkresse, Wasserminze oder auch Kalmus, hier zu wachsen. Wenn dein Platz nur für eine kleinere Kräuterspirale ausreicht, kannst du kleinwüchsige Kulturformen von Kräutern wählen. Du erkennst sie daran, dass sie im Sortennamen den Begriff „Nana" führen. Vorsicht: Kräuter mit starken Wurzelausläufern wie Minze oder Estragon und starkwüchsige Stauden wie Liebstöckel oder Beinwell solltest du besser in anderen Gartenteilen oder in großen Kübeln anbauen.

PALETTENWAND

Für einen günstigen und mobilen Wandgarten im Hinterhof oder auch auf einem Balkon sind Europaletten und Tetrapaks mit Schraubverschluss perfekt geeignet.

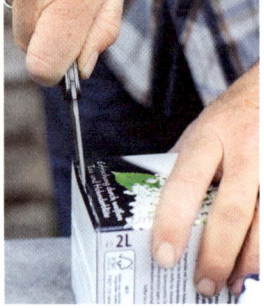

1.

Mit einem scharfen Messer den Boden oder eine der Seiten von ca. 15 Tetrapaks abschneiden und mit einer Lochzange in die zwei nebeneinanderliegenden Ecken der nicht abgeschnittenen Seite je ein Loch stanzen.

2.

Durch die Löcher ein dünnes Seil oder einen Draht ziehen — die Schnur kann beliebig lang sein, am stabilsten hängt das Pflanzgefäß, wenn sie nicht viel länger als der Durchmesser des Deckels ist.

3.

Die Tetrapaks mit ein paar Tonscherben als Dränage und guter, feuchter Erde befüllen.

4.

Die Tetrapaks mit Nägeln an der aufgestellten (am besten schon am endgültigen Platz) Europalette befestigen und mit den gekauften oder selbst vermehrten Jungpflanzen bepflanzen.

5.

Die Pflanzen gut andrücken. Den Schraubverschluss entfernen, damit überschüssiges Wasser abfließen kann.

6.

Alles vorsichtig angießen und in Zukunft auch regelmäßig weitergießen, damit die Pflanzen gut anwachsen und sich entwickeln können. Die Palette spätestens jetzt sicher an der Wand anbinden oder befestigen, damit sie nicht umfallen kann ... wäre ja schade.

Der vertikale Palettengarten kann natürlich auch mit anderen Gefäßen wie Dosen, Regenrinnenteilen oder Töpfen bestückt werden. Überhängende Pflanzen mit Blüten und Früchten wie Kapuzinerkresse oder Hänge-Erdbeeren bringen Farbe an die Wand.

VERTIKAL GÄRTNERN

Grünflächen vor den Fenstern sind meist die Ausnahme – kein Wunder, dass es immer mehr Wandgärten gibt. Die meisten stellen sich unter einem Wandgarten eine mit Efeu oder Wildem Wein begrünte Mauer vor. Inzwischen gibt es aber mehr: Von Pflanztaschen über fertige Kunststoff- oder Textil-Systeme bis zu Pflanzentürmen aus Metall, schrägen Regalfächern, stapelbaren Kästen oder selbst gebauten Holzgittern, an die man Töpfe oder bepflanzte alte Regenrinnen hängt. Einfach gehts mit Europaletten, an die leichte Gefäße – perfekt: Tetrapak mit Schraubverschluss – gehängt werden.

Vor dem Bepflanzen solltest du abklären, ob die entsprechende Wand ausreichend tragfähig ist. Anschließend kann man sicherheitshalber eine wasserdichte Dämmschicht anbringen, zum Beispiel eine flächig verklebte, dicke Kunststofffolie. Darauf wird das System für die Bepflanzung installiert.

Wandgärten planen

Gießt du selber oder brauchst du ein Bewässerungssystem? Gut ist es, wenn eine Wasserleitung in der Nähe des Wandgartens ist.

Pflanzen, die genügsam oder eher kurzlebig sind, sind am besten geeignet wie mediterrane Kräuter oder Pflücksalate. Auch Erdbeeren gehen. Wenn die Pflanzen eng genug gesetzt werden, wird deine Wand schnell grün. Die Pflanzen wollen regelmäßig gewässert, gedüngt und ausgeputzt oder zurückgeschnitten werden.

Mit der Zeit kann eventuell der Austausch einiger Pflanzen notwendig werden. Für den Bau von kleineren Wandgärten gibt es im Handel Selbstbausätze, man kann aber auch selbst eine Runde Upcycling betreiben (siehe links).

STATT WEGWERFEN UPCYCELN

Tetrapaks sind haltbar und stabil. Ausgeleerte Paks spülst du mit Wasser und Spülmittel gut aus und lässt sie mit geöffnetem Deckel trocknen. So erwartet dich keine schimmlige oder übelriechende Überraschung bei der Bepflanzung.

Guerilla Gardening

In dicht bebauten Stadtvierteln gibt es ohne Ende Häuserschluchten, aber wenig Grünflächen. Spontane Pflanzaktionen verschönern triste Innenstädte.

Stockrosen sind robust und kommen gut auf Baumscheiben zurecht.

Zum Glück stehen in vielen Straßenzügen Straßenbäume. Sie werden teilweise groß und alt und haben einen riesigen Nutzen: Sie filtern die Luft, schaffen ein gutes Mikroklima und bieten Vögeln und Insekten einen Lebensraum. Die Städte bauen Pflanzinseln, setzen Bäume und kümmern sich in der Regel auch um deren Pflege. Damit die Pflege der Inseln nicht zu teuer wird, wird oft Rasen gesät oder nur eine dicke Schicht aus Mulch oder Blähton ausgestreut. Doch es geht besser …

BAUMSCHEIBEN BEPFLANZEN

Schon kurz nach Weihnachten gibt es Primeln, Hyazinthen, Schneeglöckchen, Krokusse und Winterlinge im Topf zu kaufen. Etwas später Tulpen, Narzissen und Traubenhyazinthen. Sie wurden

alle im Treibhaus vorgezogen und kommen bei uns in der Wohnung zur Blüte – und wir vergessen Kälte und Schneematsch, fast zumindest. Diese Blumen sind alle mehrjährig, meistens winterhart und müssen nach dem Verblühen nicht unbedingt auf den Kompost oder in den

Müll. Wenn du einen Baum in deiner Straße mit ein bisschen Erde drumherum hast, kann er die neue Heimat für die alten Blumenzwiebeln werden: Die Frühlingsblüher einfach nach der Blüte eintrocknen lassen und im Keller lagern. Im Herbst setzt du sie dann in die Erde und mit ein wenig Glück treiben sie im nächsten Frühjahr wieder aus. Wenn du erst einmal angefangen hast, „deine" Baumscheibe zu begrünen, bekommst du sicher bald Lust auf mehr. Nach den Frühlingsblühern ist Zeit für Sommerblumen, Stockrosen zum Beispiel: Sie blühen im Sommer lange in Weiß, Gelb, Rosa, Rot oder fast Schwarz, sind robust und können sich auf den Baumscheiben gut verbreiten. Bunter sind Mischungen aus verschiedenen Blumen wie Sonnenblumen oder Schmuckkörbchen (Kosmeen).

Hässliche Wände werden durch Pflanzen bunt, lebendig und nutzbar.
Regalbretter aus wetterfesten Materialien sind haltbar und bieten Kräutertöpfen Halt.

PFLANZEN FÜR SEEDBALLS

SONNEN-FANS

— Kamille

— Klatschmohn

— Kornblume

— Oregano

WACHSEN AUCH IM HALBSCHATTEN

— Acker-Minze

— Flockenblume

— Margerite

— Melisse

— Ringelbume

ALLZEIT BEREIT

Als Guerilla-Gärtner sollte man immer Saatgut dabei haben. In kleinen Streichholzschachteln, Papp- oder Holzkistchen kannst du sie gut transportieren.

Du brauchst einfach nur die Samen in der Erde zu vergraben und ein wenig zu warten. Wenn der Boden in der Baumscheibe einigermaßen gut ist, kannst du auch mehrjährige Stauden pflanzen. Da kommen fast alle infrage, die mit den vorhandenen Licht- und Bodenverhältnissen deiner Straße zurechtkommen.

STADTERNTE

In der Stadt gibt es mehr zu ernten, als du denkst. „Herrenlose" Obstbäume, Sträucher und Kräuter, die nicht im Privatbesitz sind, gehören der Allgemeinheit und dürfen geerntet werden. Meistens finden diese Pflanzen bei den Menschen kaum Beachtung – leider! Denn oft handelt es sich bei den Bäumen um wirklich leckeres Obst, das man nicht kaufen kann, wie Holunderblüten oder -beeren, Hagebutten oder Vogelbeeren (nicht roh essen!). Wenn du nicht gerade an viel befahrenen Straßen oder auf Hundepinkelwiesen erntest, findest du super gute Qualität. In vielen großen Städten gibt es Initiativen, die dir sagen, wo und wann die

HANDGEROLLTE SEEDBALLS

Bei Seedballs handelt sich um murmelgroße Erdkugeln, die Samen enthalten. Man muss sie nirgends einpflanzen, sondern lässt sie einfach im Frühling an einer passenden Stelle fallen.

1.
Seedballs werden ganz einfach hergestellt: Du brauchst dazu Blumenerde, Ton, Wasser und ein paar Samen von Sommerblumen oder Kräutern.

2.
Am besten verwendest du Saatgutmischungen, die dann nach und nach keimen. So ist die Chance am größten, dass sich einige Pflanzen etablieren und später verbreiten.

3.
Fülle einen Eimer je zur Hälfte mit Blumenerde und Ton. Mische die Erde gut durch. Nun wird Saatgut dazugegeben und alles vermengt. Pro Liter Erde reichen wenige Gramm Saatgut aus.

4.
Jetzt kannst du ein wenig Wasser dazugegeben – dann wird's schön klebrig. Die Masse sollte gut zusammenbacken. Zu viel Wasser ergibt Schlamm.

5.
Forme aus der Masse kleine Kugeln. Die Mischung aus Erde und Ton hält die Kugel mit dem Samen zusammen und du kannst sie, wenn sie nicht austrocknen, einige Tage lang aufheben.

6.
Such dir ein verwaistes Grundstück, einen Bahndamm oder ungepflegte Wegränder – keine Nutzflächen oder Privatgärten! – und lass die Samenkugeln fallen. Nach dem ersten Regen beginnt das Saatgut zu keimen. Wenn du Glück hast, fassen die Pflanzen Fuß und blühen ein paar Wochen später.

1

2

3

4

Stadternte möglich ist. Am Stadtrand und besonders vor den Städten gibt es viele verwaiste Apfelbäume. Alte Hochstämme mit Äpfeln stehen oft an Straßenrändern und auf Streuobstwiesen. Wenn du schon einmal einen Apfel direkt vom Baum gegessen hast, hast du sicher kaum noch Lust auf Äpfel aus dem Supermarkt.

Sammeln das ganz Jahr

Im Frühjahr geht es mit dem Kräutersammeln los: Gänseblümchen, Klee, Veilchen und Löwenzahn wachsen auf Wiesen. Sie schmecken lecker in Salaten. An Wäldern oder in Gebüschen findest du Waldmeister oder Bärlauch. Beide wachsen in Massen und können, ohne große Schäden anzurichten, gepflückt werden. Bärlauch bitte nur ernten,

wenn du ihn sicher erkennst und nicht mit den tödlich giftigen Maiglöckchen oder Herbstzeitlosen verwechselst! Später im Frühsommer kannst du Giersch, Melde und Brennnesseln für Salate und Suppen sammeln. Diese Kräuter wachsen meist reichlich in der Nähe von Gärten. Wenn du fragst, darfst du sicher ernten. In Parks und am Waldrand gibt es im Frühsommer Holunderblüten – schmecken gigantisch als Sirup oder Gelee. Im Herbst kommt die große Zeit der Nüsse und Beeren. Die kannst du sammeln, frisch essen oder verarbeiten und später als Wintervorrat nutzen. Bitte nie in Naturschutzgebieten, auf belastetem Gelände oder an viel befahrenen Straßen ernten, Ungefragt auf Privatgrundstücken geht natürlich auch nicht.

1. Malvenblüten können für Tee oder Kräuterlimo verwendet werden – sie sorgen für eine tolle Farbe.

2. In vielen Parks wächst Wildobst. Die orangen Beeren der Eberesche (Vogelbeeren) gibt es im Spätsommer reichlich.

3. Vogelbeeren sind richtig zubereitet – gekocht als Saft, Marmelade oder Gelee – gesund und lecker. Nicht roh essen!

4. Hagebutten liefern Vitamin C. Frisch werden sie zu Mus verarbeitet und getrocknet passen sie in den Früchtetee.

SOCIAL

GARDENING

GEMEINSCHAFT BRINGT VIELFALT

Im Gemeinschaftsgarten kannst du kreativ werden. Upcycling ist angesagt: So werden Paletten, Bauholz und alte Kisten kombiniert mit Farbe schnell zu richtigen Kunstwerken. Das wirkt lebendig und ist hip.

Von der Brachfläche zum Gemeinschaftsgarten

Wir leben in einer verrückten Zeit — überall ist der gesellschaftliche Wandel spürbar. Immer mehr Menschen zieht es in die Ballungsräume und gleichzeitig erwacht ein riesiges Interesse an Natur und Pflanzen.

Unsere Städte bieten alles, was wir uns wünschen: Ausbildungsplätze, Hochschulen, Jobs, Sportplätze und Schwimmbäder, Shops, Bars und Cafés, Theater, Szene-Clubs … Die Städte verändern sich rasend schnell und wir können sie mitgestalten.

STADTLEBEN

Ein großes Thema ist bezahlbarer Wohnraum und Platz für Gemeinschaft und Kreativität. Immer wieder gab und gibt es Hausbesetzungen, die später teilweise legalisiert wurden. Hauptsächlich Stadtviertel mit alter Bausubstanz mutierten häufig zum heute angesagten Kiez. Doch wohnen und arbeiten ist nicht alles, was wir in den Städten suchen. Wir brauchen auch Raum für Kreativität, Natur und Gemeinschaft – und da kommen Gärten ins Spiel.

Damit ist nicht der althergebrachte Schrebergarten gemeint, sondern eher Gemeinschaftsgartenprojekte, die seit einigen Jahren überall neu entstehen: Menschen, die ihren Lebensraum in der Stadt aufwerten und selbst gestalten wollen, haben sich zusammengetan und einfach angefangen, Gärten anzulegen – mit der Idee, gemeinsam gesunde Nahrungsmittel anzubauen und die Ernte zu teilen. So bekommt man gesundes Gemüse und das auf kurzen Wegen. Im Gemeinschaftsgarten ist es einfach, Erfahrungen auszutauschen und die Arbeit – aussäen, pflanzen, gießen, jäten, ernten – zu teilen. Zusammen wird die Arbeit niemandem zu viel.

Los gehts mit dem Garten

Oft fängt das Ganze mit der Nutzung von brachliegenden Grundstücken an – die gibt es in den Städten genug. Manchmal sind es Baulücken, teilweise durch Zerstörung im 2. Weltkrieg entstandene, stillgelegte Gewerbegrundstücke, nicht

LEUCHTKRAFT

Die Kapuzinerkresse ist eine tolle Pflanze für Hochbeete. Sie lässt sich leicht aussäen, ist pflegeleicht, wuchert und rankt und bringt knallige Farben in den Garten.

> **»Der freie Geist
> bewegt sich selbst.«**
>
> Nikolaus von Kues

mehr genutzte Verkehrsflächen wie Bahngelände oder innerstädtische Flughäfen. Am besten ist es, sich mit Leuten zusammenzutun, die eine ähnliche Vorstellung vom Gärtnern und Leben haben, wenn ihr gemeinsam ein Gartenprojekt gründen wollt. Natürlich kann man nicht einfach jedes brachliegende Grundstück in einen Garten umbauen. Als erstes ist der Eigentümer zu ermitteln und ein Okay für den Aufbau des Gartens einzuholen. Manchmal freuen sich die Eigentümer sogar über eine sinnvolle Zwischennutzung der Flächen. Wenn die Rahmenbedingungen geklärt sind, kann es losgehen. Handelt es sich um guten, gesunden Boden, können direkt Beete angelegt und bepflanzt werden. Es gibt allerdings viele Grundstücke, die mit Bauschutt aufgefüllt wurden, andere sind komplett versiegelt. Alte Verkehrsflächen sind häufig zusätzlich kontaminiert. Das heißt:

1. Gebrauchte Paletten sind als Baumaterialen immer willkommen. Du kannst fast alles damit bauen: Hochbeete, vertikale Pflanzbeete, Tische, Bänke, Stühle …

2. Europaletten und Aufsatzrahmen sind genormt und zum Bauen von Hochbeeten flexibel zu verwenden.

PFLANZEN WACHSEN FAST ÜBERALL

Im Gemeinschaftsgarten treffen sich Menschen und werden kreativ. Es gibt viele Gegenstände des Alltags, die gut zum Bepflanzen geeignet sind. Aus Bauholz und Paletten kannst du Beete bauen und ausrangierte Möbel oder Recyclingprodukte werden zu Kunst.

1. PLATZ ZUM SITZEN UND WACHSENLASSEN
Gebrauchte Paletten sind günstig und haltbar – wie wäre es mit einem Pflanzbeet mit Sitzgelegenheit?

2. STABILES REIFENBEET
Alte Autoreifen werden zu Pflanzinseln: Für Kartoffeln einfach nach und nach beim Anhäufeln drei oder vier Reifen übereinander stapeln.

3. ZUM MITNEHMEN?
Ein Einkaufswagen als mobiler Garten – den Pflanzen gefällt's.

4. FARBWELTEN
Farbe bringt Leben in den Garten. Holz ist dankbar für einen Anstrich. Clever und leicht ist der ausrangierte blaue Laubsack als Pflanzenheimat.

1. Vogeltränke auf einem Pfahl — eine gute Idee. So kann man die Vögel beim Trinken und Baden besser beobachten. Der Pfahl bietet noch Platz für hängende Blumentöpfe.

2. Sitzmöbel dürfen in keinem Garten fehlen. Aus Paletten entstehen richtige Gartenräume und du bist den Pflanzen beim Chillen ganz nah.

3. Zusammen gärtnern: Die Anzucht von Jungpflanzen und auch das Auspflanzen und Pflegen machen gemeinsam mehr Spaß.

Boden austauschen — doch der Aufwand lohnt sich kaum. In vielen Gemeinschaftsgärten gibt es daher nur Hochbeete. Oft werden sie aus altem Bauholz und ausrangierten Paletten gezimmert. Manchmal wird Sperrmüll verbaut oder gleich in alten Kisten kultiviert. Es gibt also viele Möglichkeiten — das Bauen in Gemeinschaft macht einfach Spaß.

Wollt ihr Gemüse und Kräuter anbauen, ist die beste Erde gerade gut genug. Es lohnt sich, Bezugsquellen von Mutterboden, Kompost oder Terra Preta ausfindig zu machen. Der eingefüllte Boden darf nicht mit Schadstoffen belastet sein. Nach Fertigstellung der Beete geht es ans Säen und Pflanzen. Wenn ihr Gemüse anbauen wollt, lohnt es sich immer, auf Saatgutbörsen zu gehen. Dort gibt es Saatgut aus biologischem Anbau und meist von regionalen Sorten. Und man lernt noch mehr nette Leute kennen.

Gärtnern auf dem Dach

Viel Platz für Gärten liefern Flachdächer von Hochhäusern.

Brombeeren wachsen üppig und schnell. An die richtige Stelle gepflanzt, ergeben sie den perfekten Sichtschutz.

TIPP

Alte Autoreifen sind flexibel verwendbar und halten ewig. Gestapelt werden sie zu Mini-Hochbeeten: Die Erde in ihnen wird schnell warm und hält die Feuchtigkeit länger. Mit einer aufgeschraubten Holzplatte wird ein Reifen zu einem Tisch oder Hocker. Baut man Holzbeine als Stelzen darunter, entsteht daraus ein Tischbeet.

Dort gibt es Sonne in Hülle und Fülle und der Garten ist nicht für jedermann zugänglich. Einfache Dachgärten funktionieren gut mit dem Aufbau von Hochbeeten. Vor der Gartenplanung ist es nötig, die Statik des Dachs zu überprüfen – häufig wird das Gewicht von Hochbeeten, Erde und Pflanzen unterschätzt. Besonders wichtig ist es, für ausreichend Gießwasser zu sorgen.

DER GARTEN ALS KREATIVER FREIRAUM

Neben dem Anbau von Essbarem geht es den meisten um Kreativität und Gemeinschaft. Oft werden mit Recyclingmaterialien Pflanzgefäße, Hochbeete, Rankgerüste, Bänke,

LUST AUF OBST

Obstbäume schaffen paradiesische Zustände. Kein Wunder, denn wenn sie angewachsen sind, brauchst du nicht mehr viel zu machen und kannst in jedem Jahr ernten – hier eine reife Pflaume.

1. Zusammen gärtnern geht natürlich auch direkt im Boden – es müssen nicht immer Hochbeete sein. Platz für Gärten gibt es reichlich, wenn es der Grundstückseigner erlaubt.

2. Besonders viel Spaß macht es, gemeinsam mit der Familie zu gärtnern.

Tische und vieles mehr gebaut – und über kurz oder lang entsteht ein wenig Gastronomie. Im Idealfall lässt sich das Projekt so refinanzieren. Gemeinschaftsgärten bieten aber noch mehr Möglichkeiten. Zum Beispiel der Natur in der Stadt einen Raum zu geben: Besonders beliebt und ökologisch konsequent ist es, Insektenhotels aufzustellen und Nützlinge anzulocken. In allen Städten gibt es mittlerweile Imker, die die Stadtflora zu schätzen wissen: Gärten, Parks und Brachflächen sind vorhanden und damit mehr als genug Nahrung für Bie-

nen. Grund genug, auch im Gemeinschaftsgarten Bienen anzusiedeln. Wenn ihr genug Ideen und Helfer habt, könnt ihr zusätzlich verschiedene Workshops, Vorträge und Diskussionsrunden organisieren. Nachhaltigkeit und Umweltbildung sind gute Themen – praktische Gartenworkshops. Flohmärkte, Saatgut- und Pflanzentauschbörsen kommen gut an. Und auch Konzerte oder Kunstworkshops haben in Gemeinschaftsgärten Platz. Ein schöner und vielfältig belebter Garten wird schnell zu einer Top-Adresse im Kiez.

GEMEINSAM GÄRTNERN – IM GANZEN LAND

KLUNKERGARTEN: ÜBER DEN DÄCHERN VON BERLIN

Schon der Standort ist einzigartig: im 6. Stock hoch über Berlin. Der Klunkergarten ist Bestandteil des Projekts Klunkerkranich, dem Kulturdachgarten in Neukölln. Dort gibt es neben dem Garten auch eine Bar in der DJs Funk, Soul und Elektro spielen. Am Wochenende gibt es oft Märkte mit Selbstgemachtem oder Trödel und es lässt sich dort oben gut chillen und spazierengehen. *Der Blick auf die Stadt ist fantastisch.*

INTERKULTURELL: GEMEINSAM GÄRTNERN

Ton Steine Gärten ist ein Nachbarschaftsgarten am Mariannenplatz in Berlin-Kreuzberg. Die Gartenflächen umfassen etwa 2 000 m² und werden gemeinschaftlich gestaltet und gepflegt. Es geht dabei um Selbstversorgung und selbstbestimmtes Gärtnern, nach dem Motto: *Eine andere Welt ist pflanzbar.*

In Köln-Bayenthal gibt es ein grandioses Gemeinschaftsgartenprojekt. Der Verein Kölner NeuLand e.V. nutzt die brachliegende Fläche für eine begrenzte Zeit. Er hat es sich zum Ziel gesetzt, Umwelt- und Naturschutz und bürgerschaftliches Engagement zu fördern. Ein großartiges Beispiel für die sinnvolle Bewirtschaftung sonst ungenutzten städtischen Raums.

O'PFLANZT IS!

Der Gemeinschaftsgarten *o'pflanzt is!* in München hat eine Fläche von 3 300 m². Hier wird seit 2011 in etwa 30 Hochbeeten und sonstigen Pflanzbehältern gemeinschaftlich gegärtnert.

GÄRTEN AM WASSER

Besonders schön ist es am Wasser und davon gibt es reichlich in Berlin. An der Spree liegt der *Holzmarkt* mit seinem *Möhrchenpark e.V.:* ein Biotop aus Grünflächen, urbanen Gärten und einem naturnah gestalteten Ufer. Dazu gibt es Workshops zu ökologischem Obst- und Gemüseanbau in der Stadt.

GARTEN-HOF: PFLANZEN STATT PFLASTER

Der Hofgarten Heydenstraße in Braunschweig ist ein echter Schulhofgarten mit Gemüse, Kräutern & Co. Der Garten wird von einer Gruppe Ehrenamtlicher betreut, die Spaß an Pflanzen haben und gemeinsam ernten und genießen.

Sortenvielfalt ist angesagt

Urbane Gärten können total unterschiedlich aussehen und doch haben fast alle Aktivisten das gleiche Ziel: Gemüse anbauen und das möglichst nachhaltig und biologisch.

Urbane Gärten folgen dem Leben unserer Vorfahren, denn Gärten bildeten schon immer eine der Existenzgrundlagen der Menschen: Obst, Gemüse und Kräuter wurden für die Selbstversorgung angebaut und gezüchtet. Es entstanden Hunderte regionaler Pflanzensorten: widerstandsfähig, an das Klima angepasst, außerdem lecker und gesund. In den letzten Jahrzehnten brachte die Agrarindustrie Hochleistungshybridsorten auf den Markt, die die alten Sorten verdrängten. Doch seit vielen Jahren wird das Problem der schwindenden Sortenvielfalt weltweit diskutiert – überall wurden Vereine gegründet, die sich um den Erhalt der Kulturpflanzen kümmern. Natürlich geht das nur, wenn sich Menschen vernetzen und die alten Sorten immer wieder anbauen.

DIE HELDEN DER ALTEN SORTEN

Diese neue Bewegung ist ein großer Segen für uns alle. Menschen, die sich mit alten Kulturpflanzen befassen und sich gut auskennen, bringen selten gewordene Gemüsearten und -sorten wieder in Umlauf und sammeln deren Saatgut. Zunächst gab es die Sorten nur auf wenigen Pflanzenbörsen und slowfood-orientierten Märkten. Doch mit der Zeit stieg die Nachfrage nach alten Sorten und steigt ungebrochen. Immer mehr Gärtner spezialisieren sich, um die wachsende Nachfrage zu bedienen. Manche sind regelrecht sammelwütig und haben zig Sorten im Programm. Mittlerweile bieten sie Jungpflanzen und Gemüse auf vielen Wochenmärkten an und so finden die Sorten ihren Weg in unsere Gärten.

1

2

3

4

1. Kürbisse sind an Sorten-, Farben- und Formenvielfalt kaum zu überbieten — und die meisten davon sind essbar.

2. Helgoländer Wildkohl — ein Blattkohl mit allen guten Eigenschaften der Kohl-Wildform.

3. Bunte Karotten sind auf dem Teller der Knaller, besonders weil sie sich auch im Aroma stark unterscheiden.

4. Tomaten stehen wie kein anderes Gemüse für alte Sorten und werden stark nachgefragt. Das ist gut so, dann bleibt uns ihre Sortenvielfalt noch lange erhalten.

VIELFALT IM KLEINEN

Davon profitieren auch wir Stadtgärtner. Denn was ist schöner, als die Vielfalt von Farben, Formen und Geschmäckern kennen zu lernen. Besonders Paprika, Chili und Tomaten gibt es in sehr vielen Sorten, die sich im Geschmack teilweise erheblich unterscheiden. In Stadtgärten kannst du gute Bedingungen für all diese Pflanzen schaffen und außerdem kommt es nicht unbedingt auf hohe Ernteerträge an.

Probier verschiedene Sorten aus — du wirst staunen, wie unterschiedlich sie in der Wuchskraft und der Pflanzenform sind.

Besonders spannend wird es in Nachbarschafts- und Integrationsgärten, denn dort treffen sich Menschen verschiedenster Herkunft. Viele kennen die Gemüse-

sorten ihrer Heimatländer und mit ein wenig Glück, können sie das Saatgut von dort auch besorgen.

Tomaten

Ein großartiges Beispiel. Sie galten früher als Zierpflanze und sind erst vor gut 100 Jahren in unsere Küchen eingezogen. Heute sind sie eine der wichtigsten Gemüsearten und werden in vielen Regionen der Erde angebaut. Überall wurde gezüchtet und es entstanden tolle Sorten. In unserer globalisierten Welt ist es nicht schwer, diese zu besorgen und in die Gärten zu bringen. Tomaten sind bunt, verschieden groß und unterscheiden sich sehr im Geschmack. Nutzt eure Gärten für die Vielfalt der Sorten. Ein großes Thema — klasse, dass es Menschen wie Beate Pieper gibt, die alte Sorten erhalten …

Tomaten-Vielfalt

Beate

Mit alten Tomatensorten beschäftige ich mich schon seit 2003. Angefangen hat alles mit sechs verschiedenen Samentütchen, die ich bei einer Tomatenausstellung erworben habe. Ich fand die Sortenvielfalt unheimlich interessant. Dass Tomaten nicht alle rund und rot, sondern auch gelb, grün, dunkel oder gestreift sein können, hat mich fasziniert. Und, dass diese Sorten alle ganz hervorragend nach Tomate schmecken, so wie früher.

VON DER SCHUBLADE INS BEET

Da ich damals nicht genug Land hatte, um Tomaten anbauen zu können, sind die Samentütchen erst mal in der Schublade verschwunden. Als wir später umgezogen sind, fielen mir

die Tütchen wieder in die Hand. Ich habe die Tomaten ausgesät und bin mit den Überschusspflänzchen auf eine Tomatentauschbörse gefahren. So kam ich erstmals mit Gleichgesinnten in Kontakt.

Zunächst hatte ich das Thema nur als Hobby angesehen. Meine Kinder waren klein und ich hatte nicht genug Zeit, um mich intensiver mit all den alten Tomatensorten auseinanderzusetzen. Aber irgendwann ergab sich die Möglichkeit, bei einer Gartenkollegin einige Quadratmeter Gewächshausfläche zu nutzen und so konnte ich meine Tomaten in etwas größerem Stil anbauen.

Im Jahr 2010 habe ich eine weiträumige Fläche Ackerland in Wolfenbüttel pachten können, mir drei Folienhäuser angeschafft und einfach losgelegt. Ich wusste ja schon, dass die Nachfrage nach Pflanzen und Früchten groß ist, auch deshalb, weil die Qualität einfach stimmt. Das Thema ist spannend und es ist mir außerdem wichtig, etwas zum Erhalt der Sortenvielfalt zu tun.

PFLANZEN & WISSEN VERMEHREN

Ich gebe mein Wissen gern weiter, zum Beispiel in Burkhards Kräuterschule in Braunschweig. Außerdem führe ich Verkostungen durch. Die einen mögen's süß, die anderen aromatisch oder eher etwas säuerlich. Die Vielfalt ist da und für jeden Geschmack ist etwas dabei. Außerdem sehen die Tomaten einfach toll aus. Das ist besonders für die Gastrono-

mie wichtig, die ich auch beliefere. Und ich bin auf Sondermärkten ein gern gebuchter Stand. Ansonsten betreibe ich mit meinen besonderen Tomatensorten einen Stand auf dem Wochenmarkt in Wolfenbüttel, wo ich unter anderem auch verschiedene alte Kartoffelsorten, Äpfel von Streuobstwiesen und Gemüse bevorzugt aus der Region anbiete.

GUT, SAUBER, FAIR

Ich arbeite slowfood-orientiert, nach dem Motto „Gut, sauber, fair". Das bedeutet, gute hochwertige Ware, sauber und zu fairen Löhnen zu produzieren. Mein Angebot umfasst regionale und saisonale Ware, möglichst aus biologischem Anbau. Ich habe Kontakt zu den Produzenten und weiß, wie die Ware angebaut wird. Oft ist es biologisch hergestellte Ware, aber nicht immer bio-zertifiziert. Viele Kleinbetriebe können sich die Zertifizierungskosten nicht leisten oder haben einfach nicht die Zeit, sich diesen ganzen Kontrollmechanismen zu unterziehen. Mein Betrieb ist seit 2013 biozertifiziert und ich arbeite transparent. Meine Kunden merken, da kommt einfach Ehrlichkeit rüber. Zusätzlich mache ich noch Sortenversuche für den Freilandanbau. Auch das ist regional total unterschiedlich. So habe ich einige Sorten entdeckt, die für unsere Region besonders geeignet sind und das ist natürlich für meine Kunden sehr interessant. Nebenbei pflege ich eine Kooperation mit der Uni Göttingen und nehme an Freilandversuchen teil.

Tomaten unterscheiden sich in Größe, Form und Farbe erheblich. Das gilt natürlich auch für den Geschmack.

Prinzessinnengarten

Das wohl bekannteste urbane Gartenprojekt in Deutschland liegt am Moritzplatz in Berlin-Kreuzberg und entstand auf Initiative von Robert Shaw und Marco Clausen.

1

Gärtner ist allerdings keiner der beiden Gründer – der eine ist Filmemacher, der andere Historiker. Der Prinzessinnengarten versteht sich selbst als soziale und ökologische urbane Landwirtschaft und wurde in einem Bezirk mit hoher Verdichtung, wenig Grün und vielen sozialen Problemen errichtet. Bei dem Grundstück zwischen Prinzen-, Oranien- und Prinzessinnenstraße handelt es sich um eine ehemalige Brachfläche, die von Anwohnern in einen Nutzgarten umgewandelt wurde. Über 100 Freiwillige haben die bis dahin verwahrloste Fläche vom Müll befreit.

Anschließend wurde die Fläche mit Unterstützung von unzähligen Helferinnen und Helfern in einen lebendigen Nutzgarten verwandelt. Da das Gelände seit dem zweiten Weltkrieg ein Trümmergrundstück war und die verfügbaren Flächen zumeist versiegelt oder kontaminiert sind, werden die Pflanzen in stapelbaren Bäckerkisten, Tetrapaks oder Reissäcken angebaut. Diese Materialien sind lebensmittelecht und erlauben einen ökologischen Anbau mitten in der Stadt. Heute werden hier gemeinschaftlich Hunderte verschiedener Gemüse- und Kräuterarten angebaut.

MOBIL UND FÜR ALLE

Da das Grundstück immer wieder neu angemietet werden muss, ist der Garten jederzeit mobil. Bar, Küche, Werkstatt und Lagerräume befinden sich in ausgedienten und umgebauten Überseecontainern. Der Prinzessinnengarten ist von Anfang an für alle offen, das wollten seine Gründer so. Jeder kann hereinkommen, entspannen und genießen oder auch mit anfassen. Zweimal die Woche gibt es öffentliche Gartenarbeitstage. Träger des Prinzessinnengartens ist die gemeinnützige GmbH *Nomadisch Grün*. Sie arbeitet an der

Entwicklung von urbanen Gärten als Orte des gemeinsamen Lernens. Alle Aktivitäten sind offen für jedermann und reichen vom Säen, Pflanzen, Ernten über die Saatgutgewinnung, das Verarbeiten und Konservieren des Gemüses, das Halten von Bienen und den Aufbau eines Wurmkomposts bis hin zur Entwicklung neuer Anbaumethoden. Durch gemeinsames Ausprobieren und das Austauschen von Erfahrungen und Wissen werden alte Kulturtechniken reaktiviert und alle lernen gemeinsam vieles über biologische Vielfalt, Stadtökologie, Klimaanpassung, Recycling, nach-

haltigen Konsum und zukunftsfähige Formen des städtischen Lebens. Dabei gibt es keine direkte Förderung für den Garten. Er verdankt sein Entstehen dem uneigennützigen Engagement von Hunderten von Helfern, Spendern und Freunden. Mit den Überschüssen aus Gartengastronomie, Gartenbau, Beratungen, Führungen, Vorträgen, Buch- und Bildverkäufen werden seine Bildungs- und Beteiligungsangebote finanziert. Außerdem gibt es Spenden in Form von Beet- und Gartenpatenschaften. Die Miete für das Grundstück und alle weiteren Kosten trägt der Garten selbst.

1. Der Prinzessinnengarten ist ein komplett mobiler Garten. Alle Beete können transportiert werden.

2. Gießen ist gerade im Sommer eine große Aufgabe. Wenn sie nichts zu tun haben, hängen die Gießkannen hier rum.

3. Europaletten dienen als Sichtschutz und gleichzeitig als vertikale Gärten.

4. Gemeinsam gärtnern, das ist die Devise. Man schafft etwas zusammen und hat dabei Spaß.

Gemeinsam gärtnern macht Freude

Svenja

Der Prinzessinnengarten liegt am Moritzplatz in Berlin-Kreuzberg an einem Kreisverkehr, an dem pro Tag 10 000 bis 20 000 Autos entlangfahren. Er wurde auf einer ehemaligen Brachfläche von 5 800 m² gebaut und existiert seit 2009. Auf dem Grundstück stand früher das Kaufhaus der jüdischen Familie Wertheim, das im zweiten Weltkrieg zerstört wurde. Der teilweise noch vorhandene Keller wurde mit Trümmern aufgefüllt.

Ergo, typisch für die Stadt: Man weiß nie so genau, was unter der Erde alles ist. Der Boden besteht aus Bauschutt, ist teilweise kontaminiert und so für den Anbau eigentlich nicht geeignet. Außerdem ist wie bei vielen Gemeinschaftsgärten nicht ganz klar, wie lange der Garten an der Stelle bleiben kann.

In den letzten Jahren wurde hier ein mobiler Garten aufgebaut, der ungefähr 60 000 Besucher pro Jahr zählt. Etwa 8 000 Leute pro Jahr nehmen unsere Angebote wahr. Ich sehe den Garten als Möglichkeit, in das Thema Lebensmittelproduktion einzusteigen. Die Leute machen einfach mal mit und stellen zum Beispiel fest, wie langsam eine Mohrrübe wächst und dass sie nicht im Bund wächst, so wie wir sie aus dem Supermarkt kennen. Die Menschen können hier erfahren, wie komplex die Landwirtschaft eigentlich ist und welche Effekte sie auf die Umwelt und den Klimawandel hat.

KLEIN ANFANGEN KANN JEDER

Wir wollen im Prinzessinnengarten die Lebensmittelproduktion im Kleinen sichtbar machen, wie es zum Beispiel in Burkhard Bohnes Workshops auch geschieht.

Wir wollen den Leuten zeigen: Es sind zwar nicht die allerriesigsten Dinge, die du machen kannst, aber du kannst schon mal klein anfangen. Es bringt einfach richtig Freude, gemeinsam zu gärtnern, und was total schön ist, du kannst dich darüber auch austauschen. Diese soziale

Funktion hat der Garten eben auch. Ich finde es immer wieder bemerkenswert, dass wir überhaupt nicht wissen, wie viel Gemüse wir anbauen. Das zeigt eigentlich, wie weit wir davon entfernt sind, hier sonderlich viel zu produzieren. Wir wollen nicht die Landwirtschaft in die Stadt holen, sondern eher Beispiele und die Vielfalt der Nutzpflanzen zeigen und somit Neugier wecken.

DARUM MACH ICH DAS!

Meine Motivation hier im Prinzessinnengarten zu sein, ist ganz schön vielfältig. Zum einen schätze ich seine Freiräume: Als Mensch in der Stadt, da kann ich was machen. Bei uns kann man an allen Dingen sehen, wie sie gebaut werden und wie sie funktionieren. Wir möchten die Leute anhalten, selbst zu schauen und mal kreativ zu werden. Ich selbst bin seit vier Jahren dabei und habe unheimlich viel gelernt. Ich empfinde den Prinzessinnengarten als einen wirklich schönen Ort, um zu arbeiten oder einfach da zu sein, denn dieser Garten zeigt was alles passieren kann, wenn viele Leute kleine Dinge tun. Ganz persönlich schätze ich an diesem Ort, dass er mich viel über Arbeit als solches nachdenken lässt. Ich genieße es sehr, in einer Arbeit zu sein, in der ich viel mitgestalten kann, wo ich mit Freunden arbeite und hier und da etwas Gutes damit bewirke.

Themenbeete sind immer klasse. So wissen die Besucher gleich, wofür die Pflanzen verwendet werden.

TEE ★ ERNTE
Zitronen-Melisse

In den Kräuter-
Workshops lernt man
die verschiedensten
Kräuter kennen.

»Es reicht,
wenn viele Leute kleine Dinge tun.«

Svenja, Prinzessinnengarten

Im Prinzessinnengarten besitzt niemand ein eigenes Beet, denn es wird gemeinsam gegärtnert. Viele Menschen engagieren sich hier freiwillig, um einen solchen Ort überhaupt möglich zu machen. Durch die Möglichkeit zum Mitwirken, durch offene Workshops, durch das Gartencafé und eine Reihe von kulturellen Veranstaltungen ist der Prinzessinnengarten zu einem lebendigen Treffpunkt geworden. Seine Anziehungskraft strahlt weit über die Nachbarschaft hinaus. Er ist ein tolles Beispiel für eine neue Art des Gärtnerns in der Stadt. Hier wird das Gärtnern nicht nur als schöner Zeitvertreib und der Garten nicht als privater Rückzugsort verstanden. Hier geht es vielmehr um die Umnutzung städtischer Flächen, Eigenanbau und Nachbarschaftsarbeit, also auch um gesellschaftliche Fragen. In ihrer praktischen Tätigkeit greift diese neue Gartenbewegung Themen wie Biodiversität, gesunde Ernährung, Recycling, Umweltgerechtigkeit, Klimawandel oder Ernährungssouveränität auf. So wird auf eine unaufdringliche und pragmatische Art die Frage aufgeworfen, wie wir in Zukunft in den Städten leben wollen.

1. Insektenhotels dürfen natürlich nicht fehlen: Sie beherbergen nützliche Tiere.

2. Nach dem Pikieren werden die Kräuter angegossen. Fertig ist die Jungpflanzenbox – eine ehemalige Bonbonschachtel mit neuem Inhalt.

BEKANNT WIE EIN BUNTER HUND

In den vergangenen Jahren hat sich der Prinzessinnengarten zu einer bekannten Marke entwickelt. Er gilt als innovativ und als Vorbild für andere Gartenprojekte. In vielen Städten entstehen ähnliche Gärten, häufig mit Unterstützung aus Berlin. Kein Wunder, denn die Idee hat Charme und fördert das soziale Miteinander. Jedenfalls handelt es sich bei diesem Projekt nicht um Urban Gardening im herkömmlichen Sinne, denn dort beackert meist jeder sein eigenes Gartenstück. Im Prinzessinnengarten hingegen er- und bearbeiten alle alles gemeinsam. Internationale Medien zeigen großes Interesse an dem Projekt und es stellten sich die Fragen: Handelt es sich nur um einen wunderbaren Garten inmitten von Beton und Verkehr? Geht es um einen kurzlebigen Trend? Oder entsteht hier eine neue soziale Bewegung mitten in Berlin?

Von Anfang an dabei

Matze

Meine Aufgaben hier im Prinzessinnengarten sind zweigeteilt: Zum einen habe ich meinen eigenen Bereich hier, die Staudengärtnerei, und zum anderen arbeite ich im Gemeinschaftsgartenteil des Prinzessinnengartens.

MEIN EIGENER BEREICH: DIE STAUDENGÄRTNEREI

Bevor ich angefangen habe hier zu arbeiten, habe ich in anderen Gärtnereien gearbeitet und habe, ehrlich gesagt, ziemlich viele Haare in der Suppe gefunden. In meiner Staudengärtnerei hier kann ich meinen eigenen Prinzipien treu bleiben. Das bedeutet für mich auf jeden Fall, mit vernünftigen Erden und Substraten zu arbeiten. Sie müssen torffrei sein und einen möglichst hohen mineralischen Anteil haben, weil dann die innere Qualität der Pflanzen einfach besser ist. Außerdem kann ich hier richtig gärtnern! Die Vermehrung und die Kultur von Pflanzen gehören für mich zusammen. Ich dünge nur organisch und so wenig wie möglich. Und auf Pflanzenschutzmittel verzichte ich komplett. Das ist bei mir möglich, weil der Betrieb überschaubar ist und ich teilweise die Schädlinge mechanisch bekämpfen kann.

Wildpflanzen sind angesagt

Außerdem kann ich hier frei entscheiden, welche Pflanzen ich anbieten möchte. Oft sind es einheimische Wildpflanzen. Natürlich höre ich immer wieder von Kunden: „Naja, ich kann die Pflanzen doch einfach am Wegesrand ausbuddeln." Da stellt sich natürlich erstens die Frage, ob jeder Pflanzen aus der Natur entnehmen möchte, und zweitens ist es so, dass das nicht bei jeder Pflanze geht.

Außerdem ist es mir wichtig, dass ich viele Pflanzen anbaue, die der heimischen Insektenwelt etwas bringen.

Ich habe Pflanzen dabei, die extrem hart im Nehmen sind. Denn kein Mensch kann sich davor retten, dass er zum Geburtstag oder zu einem sonstigen Anlass Pflanzen geschenkt bekommt. Normalerweise schaffen es die Leute mit dem etwas schwärzeren Daumen diese in nur zwei Wochen hinzurichten. Gerade die Leute, die nicht die Ambitionen oder Möglichkeiten haben, sich um ihre Balkonbepflanzung richtig zu kümmern, können bei mir zum Beispiel winterharte Sukkulenten kaufen. Diese sehen nicht nur hübsch aus, sondern überleben von alleine, selbst wenn sich der Besitzer überhaupt gar nicht kümmert. Was mir noch wichtig ist, ist, dass die Preise sozial verträglich sind, auch wenn ich mir damit ins eigene Fleisch schneide. Es ist nicht so, dass ich den Bonus des Ortes voll ausschöpfe, sondern eher so, dass ich auch günstige Pflanzen anbiete. Geld soll nämlich nicht die Hürde sein, Pflanzen zu erwerben.

IM GEMEINSCHAFTSGARTEN

Ansonsten arbeite ich im Prinzessinnengarten. Ich bin mehr oder weniger von Anfang an bei dem Projekt dabei. Ich bin von Haus aus Staudengärtner und habe eine ganze Menge Dinge durch die spezielle Arbeitsweise im Prinzessinnengarten gelernt.

Meine Aufgabe hier ist die gärtnerische Koordination. Wir arbeiten mit besonders vielen Freiwilligen wie Bufdis und FÖJlern (freiwilliges ökologisches Jahr) zusammen. Da ist es sinnvoll einen Ansprechpartner zu haben und wenigstens einmal wöchentlich gemeinsam mit offenen Augen durch den Garten zu gehen. Dabei werden Überlegungen angestellt, was am dringendsten für die nächste Woche ansteht.

Buschbohne
'Berliner
Markthallen'

Bäckerkisten sind für
den mobilen Garten
super geeignet.
Sie sind stapelbar
und außerdem
lebensmittelecht.

Der Stadtgarten im Bebelhof

Auf einem nicht mehr genutzten städtischen Bauhof in Braunschweig mit einer Fläche von etwa 2 000 m² ist ein neuer Stadtteilgarten entstanden.

Im Stadtteil Bebelhof wohnen Menschen aus den unterschiedlichsten Gesellschaftsschichten und es gibt kaum Raum für gemeinsame Aktionen. Initiator und Träger des Stadtteilgartens ist die Volkshochschule Braunschweig, bei der auch der städtische Beschäftigungsbetrieb angegliedert ist. Im Frühjahr 2015 ging es los. Das Gelände konnte für einen symbolischen Betrag temporär gepachtet werden und zahlreiche Unterstützer waren schnell dabei. So wurden schon im ersten Frühjahr mehr als 70 Hochbeete aufgebaut, in denen Kräuter, Gemüse, Blumen und inzwischen auch Obst wachsen. Der Garten etablierte sich schnell als Treffpunkt für Gartenbegeisterte aus der Stadt und zog viele Aktivisten an. So werden Workshops und Veranstaltungen organisiert und ganz viele Menschen machen mit.

GARTENGRUPPEN

Das Besondere hier sind die verschiedenen Gartengruppen. Es gibt Teilnehmer aus Beschäftigungsförderungsprogrammen, die sich um den Aufbau von Beeten und

NATUR AUF DEM HOF

Das Schneckenhaus passt gut in den lebendigen Stadtgarten: Es sieht hübsch aus und stammt aus der Natur.

um die Grundpflege des Gartens kümmern. Jeden Dienstagnachmittag finden Gartenworkshops statt, die ich selber anleiten darf. Dort ist jeder herzlich willkommen, der Lust hat, nachhaltig und biologisch zu gärtnern, dabei etwas zu lernen und Spaß zu haben. Eine andere Gruppe bietet kreative Workshops und andere Veranstaltungen an.

Urban beekeeping

Besonders klasse ist es, dass sich unsere Stadtimker bereit erklärt haben, hier Bienenvölker aufzustellen. Die Bienen fühlen sich im Stadtgarten richtig wohl und danken es mit reichlich Honig. Kein Wunder, denn sie leben hier wie im Schlaraffenland. Der Stadtgarten liegt zwischen Brachflächen, einem Sportplatz und einem Gartenverein. Dort gibt es reichlich Nektar für die auf dem

1

2

3

1. Auch im Stadtgarten ist das Schönste die Ernte. Besonders die kleinen Wildtomaten sind lecker und bei allen beliebt.

2. Rankende Kapuzinerkresse eignet sich sehr gut als Hängepflanze: spart Platz, schmeckt gut und sieht super aus.

3. In den Hochbeeten zeigt sich der Sommer von seiner besten Seite und präsentiert üppiges Gemüse.

Land so gebeutelten Bienen. Damit die Versorgung stimmt und sie sich wohlfühlen, bieten die Imker regelmäßig Bienenworkshops an. Und das machen sie klasse, denn sie imkern mit Leib und Seele. Jeder Teilnehmer der Workshops wird über kurz oder lang in der Lage sein, eigene Bienen zu halten. Das ist gut so, denn wir brauchen die Bienen für die Bestäubung unserer Blüten. Außerdem produzieren sie gesunden Honig, der wegen der Vielfalt des Nektarangebots besonders lecker schmeckt. Bei den Bienen ist es wie mit den Pflanzen: Wenn ich umsichtig handele und mich in die Wesen gut einfühle, danken sie es uns mit gesunder Nahrung und manchmal auch mit wirksamen Heilmitteln. Achtsamkeit vor der Natur ist angesagt und das hilft jedem. Schön, dass die Bienen im Garten sind!

BIENEN DÜRFEN NICHT FEHLEN

Im Stadtgarten sind die Bienen unsere besten Freunde: Sie bestäuben die Blüten und schenken uns leckeren Honig.

Stadtimker

Petra und Uwe

Seit 1,8 Millionen Jahren schätzen die Menschen den Zucker und den gewannen sie natürlich nur aus dem Honig. Wir sind Mitte 60 und imkern begeistert nach dem Motto „Bienen leben". Dieses Gefühl, etwas Gutes zu tun, etwas Sinnvolles, ist bei uns absolut da. Das Schöne dabei ist: Man kann anderen Menschen zeigen, wie die Natur funktioniert und wie Honig entsteht.

EIN WUNDERBARES VOLK

Es ist jedes Mal wieder so ein Erstaunen da, wenn wir den Honig aus der Schleuder laufen sehen. Da bekommt man einen ganz großen Respekt vor den Bienen. Dieser Respekt vor der Schöpfung, mit der wir sehr, sehr sorgsam umgehen, ist bei uns sehr ausgeprägt. Wir sind zum Beispiel stolz darauf, dass wir seit vier Jahren kein Volk im Winter verloren haben. Man kann schon sagen, dass man als Imker ein Teil der Bienen wird, denn in unserer Umwelt können Bienen nicht mehr alleine leben.

Es lässt sich gut beobachten, wie ökonomisch Bienen arbeiten. Die Art der Abstimmung, wie Bienen sich entscheiden, das könnte auch ein Ziel der Gesellschaft sein — wie man friedlicher zu einer Lösung kommt, mit mehr Akzeptanz. Heute weiß man, dass in einem Bienenvolk Prozesse stattfinden, die absolut demokratisch sind, dass selbst die Minderheit so lange an dem Diskussionsprozess teilnimmt, bis sie davon überzeugt ist, dass der vorgeschlagene Weg tatsächlich der bessere ist.

IMKERN OHNE GARTEN, GEHT DAS AUCH?

Es geht! Als wir mit der Imkerei angefangen haben, hatten wir unser erstes Volk in 15 bis 16 m Höhe auf unserer Loggia. Heute dient uns dieses Volk als Referenzvolk für unsere Stadtbienen. In der Stadt haben Bienen ein unheimlich breites Futterangebot. Die Pflanzenvielfalt ist einfach größer als auf dem Lande und damit auch die Honigvielfalt. Die Honigqualität ist in der Stadt sehr gut. Das Vorurteil, dass der Honig durch Feinstaub verschmutzt wird, muss man revidieren. Denn sobald der Baum, zum Beispiel die Linde, vormittags honigt, also Nektar erzeugt, ist die Biene da. In der Mittagshitze honigen die Bäume nicht. Am kühleren Spätnachmittag aber honigen sie wieder — die Bienen wissen das und sind zur Stelle. Eventuelle Unreinheiten im Nektar filtert ihr Honigmagen heraus. Wir lassen unseren Honig regelmäßig im Bieneninstitut Celle untersuchen, er ist unbelastet und rein. Weitere Informationen dazu gibt es auch auf unserer Homepage: www.okerbienen.de.

BIENEN-APOTHEKE

Ein Thema, das gerade Wellen schlägt: Hannes Beims von der TU Braunschweig beschäftigt sich mit Bienenpathogenen. Eine wirklich schlimme Krankheit ist die Amerikanische Faulbrut. Der Faulbruterreger befällt die Bienenlarven — aber sogar dieser Krankheit kann man noch was Gutes abgewinnen. Denn diese Faulbruterreger erzeugen, wie Beims festgestellt hat, Antibiotika, die einsetzbar sind gegen besonders resistente Krankheitskeime. Das wird sehr aufmerksam zur Kenntnis genommen und man ist natürlich noch längst nicht am Ende der Forschung angekommen.

Der Smoker ist ein Rauchgerät für Imker. Der Rauch stellt die Bienen ruhig, wenn der Imker am Bienenstock arbeitet.

GESUNDE JUNGPFLANZEN SIND DAS A & O

Kein Ackerheld ohne gesunde Pflanzen, so viel ist klar. Ein besonderer Service ist die Planung des Ackers, aber auch die Lieferung von Jungpflanzen und Saatgut. So kann der Anfänger schon im ersten Jahr ordentlich ernten.

Gemeinsam ackern

Nahrungsmittelproduktion in der Stadt — ein schönes Ziel. Doch leider reichen die urbanen Gartenprojekte bei Weitem nicht aus, um die Stadtbewohner auch nur ansatzweise mit frischem Gemüse und Obst zu versorgen.

Gut, dass an den Stadträndern neue Projekte entstehen. Gemeinsam ackern ist die Devise. Dahinter verbirgt sich ein ähnlicher Gedanke wie beim gemeinsamen Gärtnern. Wer eine nachhaltige Landwirtschaft selbst verwirklichen möchte, kann sich einem Hof der Solidarischen Landwirtschaft anschließen oder selber einen gründen. Dabei steht eine gegenseitige Vereinbarung im Mittelpunkt. Ein Hof ernährt viele Menschen und alle teilen sich die damit verbundene Verantwortung, das Risiko, die Kosten und die Ernte. Die Idee dahinter ist uralt und wirkt trotzdem neu: Die Menschen sind mit dem Land verbunden, das sie ernährt. Die Lebensmittel werden nicht mehr über den Markt vertrieben, sondern fließen in einen von den Teilnehmern organisierten und damit transparenten Wirtschaftskreislauf ein.

ACKERFLÄCHE MIETEN

Eine andere Form des gemeinsamen Ackerns ist der Mietacker. Das ist etwas einfacher, denn vieles ist bereits organisiert. Die Idee ist clever, denn meist kann sich der Mieter in jedem Jahr neu entscheiden, ob er weiter mitackern möchte. Junge Unternehmen wie die *Ackerhelden* bringen diese Idee weit nach vorn. Sie mieten Äcker, am besten von Biobetrieben, und bieten ihren Kunden bereits bestellte Ackerparzellen an. Diese werden für eine Saison gemietet und von den Mietern selbst gepflegt. Das macht Spaß und man trifft sich mit vielen Gleichgesinnten. Und auch Anfänger können gleich mitackern, denn wichtige Infos bekommt man direkt mit dazu. Dann muss man sein Ackerstück nur noch richtig pflegen, das heißt, jäten, hacken gießen und ernten sind angesagt. Wenn die ersten Reihen abgeerntet

sind, gibt es Saatgut für die Folgekulturen. Das bringt jeder selbst aus und schon hat man etwas gelernt. Ein gut organisierter Mietacker ernährt uns vom Frühjahr zum Herbst. Schön, dass wir gemeinsam ackern können!

AUF DIE PFLEGE KOMMT ES AN

Wenn alle Pflanzen auf den Acker gebracht wurden, dann heißt es nur noch pflegen: Hacken und gießen oder mulchen ist jetzt angesagt.

Ackerheld

Tobias

Birger Brock und ich haben *Ackerhelden* Ende 2012 gegründet. Als Ackerheld kann man sich bei uns an bundesweit über 15 Standorten nach Anbauverbandsrichtlinien biozertifizierte Bio-Gemüseäcker mieten. Der Mietgarten ist mit 20 Gemüsearten vorbepflanzt, 40 m² groß und versorgt bis zu drei Personen mit knackfrischem Biogemüse. Unsere Kunden bekommen während der Saison Jungpflanzen und Saatgut geliefert, um die abgeernteten Reihen wieder aufzufüllen. So werden es von Mai bis Ende November über 35 Kulturen.

KEINER GÄRTNERT ALLEIN

Ahnung vom Gärtnern muss man nicht mitbringen, denn unsere Ackerhelden werden von uns mit Infopa-

ket, Handbuch, Mails, Newslettern, Hotline und Hotmail individuell durch das Gartenjahr geführt. Die meisten Leute haben anfangs wenig Bezug zur Nahrungsmittelproduktion. Später entwickeln sie mit unserer Hilfe sehr viel Verständnis für die natürlichen Zusammenhänge auf dem Acker und konsumieren von Tag zu Tag nachhaltiger. Sie gucken auch nicht mehr nur die TV-Nachrichten und überlegen, was sie morgen anziehen. Sie schauen jetzt außerdem auf den Wetterbericht, um zu wissen, ob sie mit der Gießkanne noch mal raus müssen.

Zurück zur Natur

Wir geben Selbstversorgerwissen weiter und bedienen natürlich auch andere Motive unserer Kunden. Viele neue Ackerhelden treibt die Landlust an, die meisten aber wollen Sicherheit haben, bei dem, was sie jeden Tag essen. Viele wollen, nachdem sie aus ihren meist digitalen Jobs kommen, mit ihren Händen in der Erde aktiv sein. Dieser Weg zurück zum Ursprung ist eine große Motivation für uns und unsere Ackerhelden. Ich finde es immer total spannend, wenn uns Feedbacks zu Ohren kommen, dass Erwachsene mit ihren Kindern gerade etwas gemeinsam auf dem Acker gelernt haben. Das heißt also, es gibt auch eine pädagogische Komponente bei dem, was wir tun. Das macht uns viel Vergnügen, ist aber auch eine Riesenherausforderung, praktisches Garten- und Gemüsebauwissen gut portioniert weiterzugeben.

BIO? LOGISCH!

Die letztendlich aber größte Herausforderung war und ist es, Flächen zu finden, die nach Richtlinien von Bioland, Demeter, Naturland oder Biokreis zertifiziert sind oder die wir selbst auf bio umstellen können. Wir selbst sind Partner von Bioland und als Unternehmen biozertifiziert. Echtes „Bio" ist uns sehr wichtig, denn unsere Kunden essen als Konsumenten das, was sie selbst ernten. Natürlich soll das Gemüse daher die beste Qualität haben.

Viel mehr sind die Ackerhelden aber auch als Produzenten mit eigenen Händen im Boden aktiv. Wir möchten niemanden auf einem Acker gärtnern lassen, auf dem vorher synthetisch-chemisch gedüngt wurde oder auf den jemand Pestizide gespritzt hat.

DAS IST MEINE MOTIVATION

Als Gründer treibt es uns vom ersten Tag an, den Menschen wieder ein Gefühl für Landwirtschaft zu vermitteln. Wir wollen ihnen zeigen, wo ihr Essen herkommt. Dafür haben wir unsere gut dotierten Jobs an den Nagel gehängt und noch mal ganz neu angefangen.

Wir freuen uns über viel positives Feedback, und dass unsere Kunden sagen: „Ich wusste vorher wenig bis nichts über Gemüseanbau oder bio, aber als Ackerheld habe ich es gelernt." Sie merken plötzlich, dass eine Gurke einen Eigengeschmack hat und wie vielseitig regionales und saisonales Gemüse sein kann. Das sind die echt schönen Momente, die unsere Arbeit mit sich bringt.

Kohl ist ein wunder-
bares Ackergemüse.
Er wird groß und
braucht viel Platz.
Kein Problem auf
dem Acker.

PFLANZEN FÜR STADT-GÄRTNER

SYMBOLE

- • einjährig
- •• zweijährig
- ••• mehrjährig
- sonniger Standort
- halbschattiger Standort
- schattiger Standort
- Rückschnitt erforderlich
- Duftpflanze

FRUCHTGEMÜSE

ZUCCHINI

— *Cucurbita pepo* subsp. *pepo* convar. *giromontiina*

WUCHS Krautig, kompakt mit großen handförmigen Blättern und gelben Blüten. Zucchini sind einhäusig, das heißt, es gibt männliche und weibliche Blüten auf einer Pflanze.

STANDORT Zucchini zählen zu den Starkzehrern und benötigen einen nährstoffreichen, warmen, durchlässigen Boden, zum Beispiel eine Mischung aus Kompost, gut verrottetem Mist und Erde. Der Anbau in großen Kisten oder Säcken ist möglich, wenn während des Wachstums ausreichend gedüngt wird.

ANBAU Aussaat ab April im Topf zur Voranzucht oder ab Mitte Mai im Garten. Pflanzabstand etwa 1 x 1 m. Pflanzen und Früchte benötigen viel Wasser und Wärme. Sie sind dankbar für eine Mulchschicht aus Kompost. Regelmäßige Ernte fördert Blütenbildung und Fruchtansatz.

VERWENDUNG Zucchini werden am besten in einer Länge von 15 bis 20 cm geerntet. Die größeren schmecken fade. Auch die Blüten sind essbar.

KÜRBIS

— *Cucurbita* spec.

WUCHS Krautig, meist rankend mit großen handförmigen Blättern und gelben Blüten. Kürbis ist einhäusig, das heißt, es gibt männliche und weibliche Blüten auf einer Pflanze.

STANDORT Alle Kürbisgewächse sind Starkzehrer und benötigen einen nährstoffreichen, warmen, durchlässigen Boden und viel Platz (3 bis 4 m²/Pflanze). Der Anbau in großen Kisten oder Säcken ist möglich, wenn während der Wachstumszeit ausreichend gedüngt wird.

ANBAU Aussaat ab April im Topf zur Voranzucht oder ab Mitte Mai im Garten. Pflanzabstand mind. 1 x 1 m. Kürbisse benötigen zum Wachstum viel Wasser und Wärme. Das Stutzen der Ranken sorgt für größere Früchte.

BELIEBTE SPEISEKÜRBISSE Gelber und Roter Zentner, Hokkaido (Foto), Muskat-, Spaghetti- und Butternusskürbisse (Butternut). Auch die Blüten sind essbar. Kürbiskerne werden aus dem Ölkürbis gewonnen.

GURKE

— *Cucumis sativus*

WUCHS Niederliegend oder kletternd, bis 4 m lang. Die Blüten sind meist eingeschlechtlich, männliche und weibliche Blüten blühen entweder auf derselben Pflanze oder seltener auf verschiedenen Pflanzen. Besonders robust sind veredelte Sorten.

STANDORT Nährstoffreicher, warmer, durchlässiger Boden (Starkzehrer!), am besten einen Gurkenhügel: Mischung aus Kompost, gut verrottetem Mist und Erde. Anbau in Kisten oder Säcken ist möglich, wenn ausreichend gedüngt wird.

ANBAU Aussaat im Topf zur Voranzucht oder ab Mitte Mai im Beet. Pflanzabstand ca. 30 x 40 cm. Für mehr Triebe die Pflanzen nach dem 3. bis 5. Blatt stutzen. Benötigen viel Wasser (möglichst warm und abgestanden). Gurken sind anfällig für Mehltau: Robuste Sorten wählen, befallene Blätter vernichten und vorbeugend mit Schachtelhalmjauche spritzen.

VERWENDUNG Größere Gurken als Salat- oder Schmorgurken essen, mittlere und kleinere als Salz- oder Essiggurken einlegen.

PAPRIKA/CHILI

— *Capsicum* spec.

WUCHS Aufrecht, 20 bis 50 cm hoch, mit eiförmigen Blättern und weißen Blüten. Die Früchte sind kegelförmige bis rundliche Beeren in Gelb, Orange, Grün oder Rot.

STANDORT Paprika benötigt einen nährstoffreichen, warmen und durchlässigen Boden und eine geschützte Lage. Die Kultur in Kästen und Töpfen ist gut möglich — auf Dränage achten!

ANBAU Aussaat ab Februar im Topf auf der Fensterbank. Zum Keimen sind Temperaturen von mind. 24 °C erforderlich. Während des Wachstums ausreichend düngen. Paprika ist etwas anfällig für Blattläuse und Weiße Fliege, bei Befall mit Brennnesselbrühe spritzen.

SORTEN Chili: 'De Cayenne': frühreif, robust, scharf; 'Equador Purple': violett, mittelscharf; 'Gelbe Kirschen': gelb, mittelscharf, reich tragend; Paprika: 'Ferenc Tender': frühreif, hellgelb; 'Hamik': klein, orange, süß; 'Paradeisfrüchtig Frührot': mittelgroß, rot, süß, aromatisch.

Tomaten

Solanum lycopersicum

GESCHICHTE

Tomaten gibt es heute in Tausenden von Sorten und sie zählen zu unseren wichtigsten Gemüsekulturen. Sie stammen aus den tropischen Gebieten Süd- und Mittelamerikas und kamen im 16. Jh. nach Europa. Hier wurden sie anfangs für Zierpflanzen gehalten – niemand traute sich, die Früchte zu essen. Erst ab Anfang des 19. Jh. wurde die Tomate in Italien häufiger angebaut und verwendet.

IDEALE PFLANZPARTNER

Manche Pflanzen unterstützen sich gegenseitig und fühlen sich zusammen in einem Beet wohl.

Bei uns begann der Tomatenanbau Ende des 19. Jh., aber erst nach dem 1. Weltkrieg setzte sich das Gemüse langsam durch.

WUCHS

Tomaten wachsen anfangs aufrecht, später niederliegend und müssen in der Regel gestäbt werden. Die einzelnen Triebe werden je nach Sorte bis zu 4 m lang. Die gelben Blüten stehen in traubigen Blütenständen. Die Früchte sind eigentlich Beeren und variieren je nach Sorte in Größe, Formen und Farben: Meistens sind sie rot, es gibt aber auch rot-braune, fast schwarze, gelbe, grüne, weißliche oder zweifarbige Sorten.

STANDORT

Tomaten benötigen warme, humose und nährstoffreiche Böden. Gut ist es, wenn der Boden regelmäßig mit reichlich Kompost versorgt wird. Im Gegensatz zu vielen anderen Gemüsepflanzen wachsen Tomaten am liebsten immer am gleichen Standort. Die meisten Sorten sind empfindlich gegen zu viel Wasser von oben. Sie stehen am besten im Gewächshaus oder unter einem schützenden Vordach. Viele Sorten, besonders die kleinfrüchtigen Wildtomaten oder Cocktailtomaten, wachsen super in Kästen und Kübeln.

ANBAU

Tomaten werden durch Aussaat vermehrt – ab März in Töpfe an einen warmen Platz stellen. Nach zwei bis drei Wochen kannst du die Jungpflanzen vereinzeln (pikieren)

und, wenn sie etwas größer sind, umtopfen. Ab Mai werden die Pflanzen zum Abhärten ein paar Tage an einen halbschattigen Platz gestellt und dann ausgepflanzt. Jede Pflanze (Ausnahmen sind Busch- und Wildtomaten) bekommt einen Stab oder ein Gitter zum Klettern. Pro Pflanze sollten nur zwei bis drei Haupttriebe wachsen und während des ganzen Sommers werden alle Seitentriebe entfernt (ausgeizen). Im Spätsommer wird der Haupttrieb abgebrochen, so geht alle Pflanzenkraft in die Reife der Früchte. Während des Wachstums solltest du die Pflanzen gut feucht halten und regelmäßig mit Flüssigdünger versorgen. Zum Gießen nimmst du am besten abgestandenes Regenwasser und gießt ausschließlich den Wurzelbereich. Die Blätter sollten nicht unnötig befeuchtet werden, denn sonst könnte es bald Probleme mit Schimmel und Braunfäule geben.

ERNTE

Tomaten schmecken am besten, wenn sie in der Sonne ganz reif werden durften. Vor dem ersten Frost solltest du die letzten Früchte abnehmen und zum Nachreifen an einen warmen Platz legen. Frische Tomaten schmecken lecker im Salat, du kannst sie aber auch gut zum Kochen verwenden: gefüllt und geschmort, zu Pasta und Pizza, in Aufläufe, Suppen und Gemüsepfannen. Hast du viele Tomaten übrig, kannst du sie einkochen für Pastasoße im Winter oder zu Tomatensaft oder Ketchup verarbeiten.

Tomaten reifen
nach und nach – den
ganzen Sommer über
bis in den Herbst. Ab
September werden
die Pflanzen oben
abgeschnitten und
neue Blüten entfernt.

TOMATEN

RUNDE TOMATEN

Die gängigsten Sorten sind Tomaten mit runden, roten Früchten.

'MONEYMAKER' Eine der bekanntesten Sorten – die Pflanzen sind robust, die Früchte reifen früh und sind einigermaßen platzfest. Damit ist die Sorte gut für's Freiland geeignet.

'GOLDENE KÖNIGIN' Sie gedeiht überall: im Gewächshaus, im Freiland und auch im großen Kübel. Ihre Früchte (Foto) sind goldgelb und schmecken schön mild.

'TIGERELLA' Besonders robuste Sorte. Die Früchte sind gelb-rot gestreift und ihr Geschmack ist fruchtig aromatisch.

'HARZFEUER' Robuste Sorte aus dem Osten Deutschlands mit platzfesten roten Früchten.

FLEISCHTOMATEN

Fleischtomaten haben sehr große, meist plattrunde, gefurchte Früchte. Schon allein wegen ihrer Größe brauchen sie etwas länger zum Reifen, das macht sie besonders aromatisch. Sie haben viel Fruchtfleisch und lassen sich wunderbar mit Couscous, Reis oder Hackfleisch füllen.

'BALLERINA' Rotfrüchtige Sorte mit saftigen, würzigen Früchten. Die Pflanzen werden nur 1 bis 1,20 m hoch.

saftige, würzi Früchte

'BLACK BEAR' Die Pflanzen werden etwa 1,50 m hoch. Die Früchte reifen früh, je nach Witterung ab Juli. Sehr ertragreiche Sorte.

'ELBE' Ertragreiche Sorte mit gelben Früchten. Sie reifen mittelfrüh und schmecken mild, aromatisch und saftig.

KIRSCHTOMATEN

Diese Tomaten haben viel kleinere Früchte als andere und sind vielleicht deshalb auch aromatischer. Die Pflanzen werden nur etwa 75 cm hoch und sind daher für die Topfkultur perfekt geeignet. Sie müssen nicht ausgegeizt werden.

'PICCOLINO F1' Rote Sorte, reich tragend, äußerst aromatisch und resistent gegen viele Tomatenkrankheiten.

'YELLOW SUBMARINE' Gelbe Sorte mit vielen kleinen birnenförmigen Früchten in großen Trauben. Schmeckt köstlich.

'BLACK CHERRY' Samenfeste violett-schwarze Sorte. Sie ist früh reif, trägt reich und schmeckt ausgezeichnet. Hat einen etwas erhöhten Wärmebedarf.

STRAUCHTOMATEN

Strauchtomaten wachsen buschig und sind etwas kleinwüchsiger als andere Tomaten. Sie müssen während des Wachstums nicht ausgegeizt werden. Super geeignet für Balkonkästen und Töpfe.

'HOFFMANNS RENTITA' Gehört zu den niedrigen Strauchtomaten. Die Sorte ist widerstandsfähig und liefert aromatische Früchte.

'TUMBLING TOM' Mittelfrühe und reich tragende Sorte (Foto). Die Pflanzen wachsen etwas überhängend und sind daher in Kästen und Töpfen besonders attraktiv. Diese Sorte gibt es mit roten und gelben Früchten.

'ROTKÄPPCHEN' Wird nur 55 bis 60 cm hoch, mit hellroten, kleinen, runden Früchten.

EIER- UND FLASCHENTOMATEN

Eier- und Flaschentomaten haben besondere, attraktive Fruchtformen — sie sind lecker und hübsch.

'SAN MARZANO' Robuste, alte italienische Sorte. Die Früchte sind länglich geformt, haben wenig Kerne und wachsen in dichten Trauben. Ihr Geschmack ist schön fruchtig und die Sorte wird häufig zur Herstellung von Ketchup, Konserven oder Tomatenmark verwendet.

'ROMA' Schmeckt aromatisch und wird gern für Tomatensoßen verwendet.

'CELSIOR' Flaschentomate mit kleinen, aromatischen Früchten — ist für die Balkonkultur besonders geeignet.

WILDTOMATEN

Wildtomaten wachsen sehr buschig und haben kleine rote oder gelbe Früchte. Sie sind robust, tragen reich und bringen auch in ungünstigen Lagen noch Früchte.

'ROTE MURMEL' Die bekannteste Wildtomate. Sie ist anspruchslos und kann Flächen von etwa 1 m² einnehmen. Wenig düngen, dann ist der Fruchtansatz besser. Ausufernd wachsende Triebe entfernen, evtl. etwas aufbinden. Die kleinen Früchte schmecken sehr süß.

'GOLDEN CURRANT' Sehr robuste Wildtomate, die wenig anfällig gegen Pilzkrankheiten ist. Sie ist sehr ertragreich und trägt kleine, goldgelbe, aromatische Früchte.

BLATTGEMÜSE

STIEL- UND BLATTMANGOLD
— *Beta vulgaris* subsp. *vulgaris*

WUCHS Grüne, krause Blätter mit gelben, orangen oder roten Rippen. Die Pflanzen blühen im zweiten Jahr.

STANDORT Der Mittelzehrer gibt sich auch mit weniger fruchtbaren Böden zufrieden, wenn diese ein- oder zweimal im Jahr mit Kompost versorgt werden. Wächst sehr gut in Kisten.

ANBAU Beide Arten ab März/April im Freiland aussäen. Der Reihenabstand für Blattmangold beträgt 30 cm, für Stielmangold 40 cm. Während des Wachstums die Pflanzen auf 15 bis 20 cm Abstand in der Reihe verziehen und feucht halten. Ab Juli können die äußeren Blätter geerntet werden, ohne dabei das Herz der Pflanze zu verletzen. Gute Nachbarn: Hülsenfrüchte, Kohl, Möhren oder Radieschen; schlechter Nachbar: Spinat.

VERWENDUNG Blattmangold wird wie Spinat zubereitet. Beim Stielmangold wird die Mittelrippe herausgeschnitten und wie Spargel gekocht. Das Blattgrün wird extra gedünstet.

SPINAT
— *Spinacia oleracea*

WUCHS Niedrig, mit eiförmigen Blättern, anfangs rosettig angeordnet. Blüte von Juni bis September.

STANDORT Nahrhafte, humose, feuchte, durchlässige Böden. Viel Kompost geben und mulchen. Spinat ist Mittelzehrer und empfindlich gegen zu viel Stickstoff. Kultur in Kisten gelingt gut.

ANBAU Spinat ist eine Langtagpflanze, das heißt, die Aussaat ist nur von März bis Mai oder August bis Oktober sinnvoll. Bei Sommeraussaat blühen die Pflanzen schnell. Der Reihenabstand beträgt 20 bis 25 cm, der Abstand in der Reihe 5 bis 10 cm. Während des Wachstums die Pflanzen gut feucht halten, sonst schießen sie schnell! Frische Blätter können laufend geerntet werden, die Haupternte erfolgt nach etwa 5 Wochen. Gute Nachbarn: Erdbeere, Kohl, Kartoffeln, Bohnen und Radieschen; schlechter Nachbar: Rote Bete.

VERWENDUNG Spinat wird gekocht. Junge Blätter kann man auch als Salat essen. Vor dem Einfrieren kurz blanchieren.

STANGEN-SELLERIE
— *Apium graveolens*

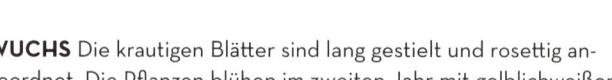

WUCHS Die krautigen Blätter sind lang gestielt und rosettig angeordnet. Die Pflanzen blühen im zweiten Jahr mit gelblichweißen Dolden.

STANDORT Nahrhafte, humose, feuchte und durchlässige Böden. Auf mageren Böden viel Kompost oder verrotteten Mist geben und mit Holzasche oder Steinmehl düngen. Sellerie wächst gut in größeren Gefäßen.

ANBAU Sellerie ist etwas kälteempfindlich — auf der Fensterbank vorziehen (Lichtkeimer!). Ab Ende April werden die Setzlinge im Abstand von 30 x 30 cm gepflanzt und während des Wachstums hoch mit Erde angehäufelt, damit die Stängel bleichen. Die Ernte erfolgt ab August, im Herbst muss Stangen-Sellerie vor Frost geschützt werden. Gute Nachbarn: Bohnen, Lauch und Kohl.

VERWENDUNG Die verdickten Blattstiele werden roh, gedünstet oder gekocht verwendet — für Suppen, Soßen oder Gemüsegerichte.

LAUCH/PORREE
— *Allium porrum*

WUCHS In Kultur meist 1-jährig; aufrecht, 60 bis 80 cm hoch, bildet lanzettliche, graugrüne Blätter. Blüte ab Mai in kugeligen Dolden, teilweise mit Brutknollen.

STANDORT Nährstoffreiche, tiefgründige Böden. Die Kultur in Säcken ist möglich.

ANBAU Aussaat ab März ins Frühbeet oder ab April ins Freiland. Für die Winterernte Aussaat im Mai/Juni. Die Setzlinge werden später in Reihen gepflanzt (Reihenabstand 20 bis 30 cm, Abstand in der Reihe 15 cm). Während des Wachstums ausreichend feucht halten, gegebenenfalls nachdüngen und etwas mit Erde anhäufeln, so werden die weißen Schäfte schön lang. Ernte ab Herbst, je nach Sorte und Pflanzzeit bis Frühjahr. Gute Nachbarn: Möhren, Sellerie, Tomaten, Kohl und Salat. Schlechte Nachbarn: Bohnen, Erbsen, Rote Bete.

VERWENDUNG Als Suppengrün, Gemüse (Aufläufe, Wok-, Pfannengerichte) oder auch Salat.

SALAT

PFLÜCK- UND SCHNITTSALAT
— *Lactuca sativa*

WUCHS Bildet dicke Pfahlwurzeln. Die Blätter stehen in Rosetten und sind je nach Sorte grün, rot oder panaschiert, glatt oder kraus. Bildet keine Köpfe aus. Lässt du die Blütenstände mit den gelben Blüten stehen, lassen sich bald eigene Samen ernten.

STANDORT Durchlässiger, nahrhafter Boden, der mit reichlich Kompost versorgt wurde. Gut geeignet für Balkonkästen.

ANBAU Am besten ab April direkt ins Freiland in Reihen säen. Der Reihenabstand beträgt etwa 25 cm. Wenn du im Sommer immer frischen Salat ernten möchtest, einfach alle 4 Wochen neue Reihen säen. Während des Wachstums gut feucht halten. Geerntet wird den ganzen Sommer bis in den Herbst. Wenn du von außen erntest und die Herzblätter stehen lässt, wächst Pflücksalat immer wieder nach. Gute Nachbarn: Fenchel, Kohl, Radieschen, Rote Bete.

VERWENDUNG Immer frisch verarbeiten, wird schnell welk.

RUCOLA/SALATRAUKE
— *Eruca sativa*

WUCHS Die Blätter sind buchtig gelappt, grün und stehen in Rosetten. Wird Rucola nicht rechtzeitig geerntet, treiben traubige Blütenstände mit weißen braun-violett geaderten Blüten. Lässt man die Samen reifen, breitet sich Rucola überall im Garten aus.

STANDORT Rucola ist recht anspruchslos und gedeiht auch auf mageren Böden. Eine regelmäßige Kompostgabe ist völlig ausreichend. Rucola kann prima in Kisten und Balkonkästen angebaut werden.

ANBAU Von April bis September in Reihen aussäen. Der Abstand der Reihen sollte etwa 15 bis 20 cm betragen. Während des Wachstums solltest du die Pflanzen feucht halten. Rucola wächst sehr schnell und kann rasch geerntet werden — öfter nachsäen ist sinnvoll!

VERWENDUNG Rucola kann laufend geerntet werden — schmeckt super auf Pizza, in Pesto und natürlich als Salat. Die attraktiven Blüten sind auch essbar.

FELDSALAT

—— *Valerianella locusta*

WUCHS Kleinwüchsig mit kräftigen, spatelförmigen Blättern in Rosetten. Steht er zu lange im Beet, löst sich die Rosette auf und es bilden sich verzweigte Blütenstände mit weißlichen Blüten.

STANDORT Keine Ansprüche an den Boden — aber gut, wenn dieser durchlässig und mit Kompost versorgt ist. Perfekt für flache Kisten und Töpfe, da Feldsalat keine Pfahlwurzeln bildet.

ANBAU Feldsalat kann auf abgeernteten Gemüsebeeten wachsen — ideale Nachfrucht, da er erst im August/September breitwürfig oder in engen Reihen (10 bis 15 cm) ausgesät wird. Die Saatbeete müssen gleichmäßig feucht gehalten werden. Den Boden zwischen den Reihen unkrautfrei und locker halten. Geerntet wird im Herbst und bei frostfreiem Wetter auch im Winter: direkt über dem Wurzelansatz abschneiden. Späte Aussaaten überwintern im Freiland und können im Frühling geerntet werden.

VERWENDUNG Feldsalat ist vitaminreich und voller Eisen — ideales Grünzeug für Herbst und Winter.

ENDIVIEN

—— *Cichorium endivia*

WUCHS In Kultur 1-jährig; mit dicker Pfahlwurzel. Die Blätter sind relativ dick, glatt, gezähnt und bei manchen Sorten kraus. Sie wachsen rosettig und bilden keine Köpfe. Im 2. Jahr wächst ein 50 bis 100 cm hoher Blütenstand.

STANDORT Durchlässiger, nahrhafter Boden. Mit reichlich Kompost versorgen, wenig Stickstoffdünger geben, während des Wachstums feucht halten. Wachsen gut in hohen Erdsäcken.

ANBAU Ab Juni im Topf aussäen und bald pikieren. Im August im Abstand von 30 x 30 cm pflanzen. Willst du hellgelbe Endivien ernten, müssen die Blätter kurz vor der Ernte zusammengebunden werden, damit die Herzen ausbleichen. Geerntet wird im Herbst und Winter. Bei Frost die Pflanzen mit Laub oder Folie abdecken bzw. alle Pflanzen abernten und mit Wurzeln frostfrei in Sand lagern — so bleiben sie länger haltbar.

VERWENDUNG Roh als Salat oder wie Mangold warm zubereiten. Im Kühlschrank in feuchten Tüchern einige Tage lagerbar.

KOHL

GRÜN- UND BRAUNKOHL

— *Brassica oleracea* var. *sabellica*

WUCHS Rosettig, mit Pfahlwurzel. Graugrüne, feste, krause Blätter, tief gelappt mit fleischiger Mittelrippe. Die gelben Kreuzblüten erscheinen im 2. Jahr in lockeren Trauben.

STANDORT Nahrhafter, durchlässiger und humoser Boden.

ANBAU Für den Stadtgarten sind niedrige Sorten empfehlenswert. Im Mai/Juni aussäen und bald pikieren. Kann bis Anfang August auf frei werdende Flächen gepflanzt werden, benötigt 40 x 50 cm Platz. Er überwintert im Freiland: Die Ernte der Blätter erfolgt erst nach dem ersten Frost, dann schmeckt Grünkohl am besten. Wegen der späten Pflanzung und Ernte ist Grünkohl eine klassische Nachkultur.

VERWENDUNG Ideales Wintergemüse. Meist werden die Blätter herzhaft gekocht und mit Würstchen oder Fleisch und Kartoffeln gegessen. Man kann sie auch blanchieren und in Salate mischen oder roh zu Smoothies geben.

enthält viele Vitamine und Mineralien

KOHLRABI

— *Brassica oleracea* var. *gongylodes*

WUCHS Bildet einen verdickten oberirdischen Hauptspross (weiß/hellgrün oder rot/violett) und eine Pfahlwurzel. Der verdickte Hauptspross wächst im 1. Jahr. Die gelben Kreuzblüten erscheinen im 2. Jahr und stehen in lockeren Trauben.

STANDORT Kohlrabi ist der einzige Mittelzehrer unter den Kohlarten und kommt mit deutlich weniger Nährstoffen als seine Verwandten aus. Die Kultur ist relativ kurz (8 bis 10 Wochen) — gute Zwischenkultur. Die Erde sollte humos und durchlässig sein, dann wächst Kohlrabi auch gut in Säcken.

ANBAU Es gibt frühe und späte Sorten. Ab April aussäen und später auf einen Abstand von 30 x 40 cm pflanzen (nicht zu tief setzen!). Während des Wachstums regelmäßig gießen, sonst werden die Knollen holzig.

VERWENDUNG Junge Knollen werden geschält und roh oder gekocht gegessen — super als Gemüsebeilage, in Suppen oder Aufläufen.

BROKKOLI
—— *Brassica oleracea* var. *italica*

WUCHS Mit Pfahlwurzel. Wird Brokkoli nicht rechtzeitig geerntet, beginnt er zu schießen und treibt gelbe Kreuzblüten.

STANDORT Der Starkzehrer will nahrhafte, durchlässige und humose Böden. Gib viel Kompost in den Boden und, wenn du hast, auch gut verrotteten Mist. Während des Wachstums sollte der Boden zusätzlich mit Stickstoff gedüngt werden. Wichtig: Standort aller Kohlpflanzungen jedes Jahr wechseln!

ANBAU Ab April vorziehen oder ab Ende Mai direkt ins Freiland säen. Der endgültige Pflanzabstand beträgt 50 x 50 cm. Wächst schnell — immer ausreichend gießen und düngen! Die Ernte beginnt, wenn die mittlere Blume gut ausgebildet, aber noch geschlossen ist: mit Stiel und einigen Blättern abschneiden. Aus den Seitenknospen entwickeln sich neue Blumen. Guter Nachbar: Sellerie.

VERWENDUNG Brokkoli wird meistens kurz gekocht, kann aber auch roh verzehrt werden. Stängel wie Spargel zubereiten.

ROSENKOHL
—— *Brassica oleracea* var. *gemmifera*

WUCHS Stängelkohl mit Pfahlwurzel. Die Blätter sind graugrün, fest und glatt, gelappt und haben eine fleischige Mittelrippe. Die Pflanzen werden recht hoch und bilden Sprossröschen. Im 2. Jahr beginnt Rosenkohl zu schießen und gelbe Blüten in lockeren Trauben zu bilden.

STANDORT Der Starkzehrer bevorzugt nahrhafte, durchlässige und humose Böden. Standort in jedem Jahr wechseln. Wächst gut in Säcken, gefüllt mit nahrhafter Erde.

ANBAU Rosenkohl wird im April oder Mai ausgesät und bald pikiert. Damit er ausreichend groß wird, solltest du ihn spätestens Mitte Juni pflanzen (Abstand 50 x 50 cm). Für ein gutes Wachstum der einzelnen Röschen wird im September die Sprossspitze ausgebrochen. Rosenkohl ist winterhart und überwintert im Freiland. Die erste Ernte erfolgt nach dem ersten Frost.

VERWENDUNG Leckeres Wintergemüse mit vielen Vitaminen, Mineralien und Ballaststoffen — lässt sich gut einfrieren.

ZWIEBEL- UND KNOLLENGEMÜSE

ZWIEBEL
— *Allium cepa*

  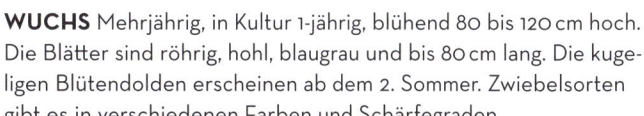

WUCHS Mehrjährig, in Kultur 1-jährig, blühend 80 bis 120 cm hoch. Die Blätter sind röhrig, hohl, blaugrau und bis 80 cm lang. Die kugeligen Blütendolden erscheinen ab dem 2. Sommer. Zwiebelsorten gibt es in verschiedenen Farben und Schärfegraden.

STANDORT Nahrhafte, humose und durchlässige Böden. Viel Kompost geben und mulchen. Wenig Stickstoff düngen, sonst bleiben die Zwiebeln klein und reifen schlecht. Die Kultur in Kisten ist gut möglich.

ANBAU Saatzwiebeln werden ab Mitte März in Reihen gesät. Der Reihenabstand beträgt 20 cm, der Abstand in der Reihe 5 bis 10 cm. Die Keimung erfolgt sehr langsam, einfacher ist es Steckzwiebeln zu besorgen: Kleine Zwiebeln, die ab April in Reihen in die Erde gesteckt und im Sommer geerntet werden. Sobald das Laub eingetrocknet ist, kann man sie ernten. Die klassische Mischkultur ist Zwiebel und Möhre, sie vertreiben gegenseitig Schädlinge. Andere gute Nachbarn sind Salat, Gurken, Erdbeeren und Dill.

KNOBLAUCH
— *Allium sativum*

WUCHS Mehrjährig, in Kultur 1-jährig; aufrecht, bis 80 cm hoch. Blüte ab Mai in halbkugeligen Dolden — die Blütenstände bestehen aus Blüten und Brutzwiebeln, Blütenstiele sind interessant geformt.

STANDORT Leichte, nahrhafte warme Böden, Knoblauch ist gut in Kisten, Säcken und großen Töpfen anzubauen.

ANBAU Im zeitigen Frühjahr einzelne Zehen mit 15 bis 20 cm Abstand in die Erde stecken. Geerntet werden die Knollen im Sommer, wenn das Laub langsam vergilbt. Die Knollen müssen nachgetrocknet werden. Die Brutzwiebeln kann man nach der Blüte im Sommer ebenfalls für die Vermehrung verwenden, ernten ist in diesem Fall allerdings erst im Folgejahr möglich. Knoblauch ist prima für Mischkulturen geeignet: vertreibt Pilzkrankheiten, Mäuse und Schnecken. Gute Nachbarn: Erdbeeren, Rote Bete, Möhren, Gurken.

VERWENDUNG Aromatisches Gewürz. Die Knolle gilt als gefäßerweiternd, blutverflüssigend und blähungstreibend. *← ein uraltes Heilmittel*

KNOLLENFENCHEL
— *Foeniculum vulgare* var. *azoricum*

WUCHS Knollenfenchel besteht aus einer weißen oberirdischen Zwiebel (Knolle), aus der glatte Stiele mit sehr fein gefiederten Blättern treiben. Die Pflanze wird 50 bis 100 cm hoch und blüht im 2. Jahr.

STANDORT Knollenfenchel ist ein Mittelzehrer und wird meist als Nachkultur von Kartoffeln oder Erbsen angebaut. Der Boden sollte warm, humos und durchlässig sein, am besten arbeitest du viel Kompost ein. Knollenfenchel wächst auch gut in Erdsäcken.

ANBAU Knollenfenchel hat eine Kulturzeit von etwa 12 Wochen und wird im Juni oder Juli ausgesät. Bei früherer Kultur (Aussaat März bis Mai) solltest du schossfeste Sorten wie 'Zefa Fino' oder 'Selma' wählen und die Saatbeete gut warm halten. Der Endabstand im Beet beträgt etwa 25 x 40 cm, die Knollen müssen oberirdisch stehen.

VERWENDUNG Schmeckt roh als Salat, gegrillt oder gedünstet als Gemüse.

KARTOFFEL
— *Solanum tuberosum*

WUCHS Krautig, bis 1 m hoch, bildet mehlige oder festkochende Knollen. Alle grünen Pflanzenteile sind giftig!

STANDORT Lockere, humusreiche Böden. Anbau in großen Erdsäcken ist möglich: 1 Pflanzkartoffel pro 20 l Erde.

ANBAU Frühe Kartoffeln am besten in Kisten ab Ende Februar an einem warmen Ort vorkeimen und im März/April ins Freiland pflanzen (wenn der Boden mind. 7 °C hat). Oder Kartoffeln zum Keimen direkt in die frühlingswarme Erde legen, allerdings erfolgt die Ernte dann später. Der Reihenabstand beträgt 50 cm, der Abstand in der Reihe 30 bis 50 cm. Nicht zu tief pflanzen, dann treiben die Pflanzen schneller aus. Für den besseren Halt der Pflanzen und mehr Ertrag solltest du die Erde anhäufeln. Mit Kompost düngen und die Erde feucht halten. Frühe Kartoffeln ernten, wenn die Schale langsam fest wird (Probegrabung), spätere Sorten, wenn das Kraut vergilbt ist. Kartoffelkäfer regelmäßig absammeln. Gute Nachbarn: Bohnen, Kohl, Kapuzinerkresse.

ALTE GEMÜSEARTEN

AMARANTH
— *Amaranthus lividus*

WUCHS Krautig, aufrecht, mit verzweigtem Stängel, je nach Sorte 60 bis 100 cm hoch, rote oder grüne Blätter. Blüht im Sommer in hängenden Blütenständen.

STANDORT Anspruchslos, benötigt aber warmen Platz auf durchlässigem Boden. Kommt mit wenigen Nährstoffen aus: Eine Kompostgabe im Jahr reicht aus. Wegen des geringen Nährstoffbedarfs ist die Kultur in Kisten gut möglich.

ANBAU Ab Anfang Mai direkt ins Freiland säen (Reihenabstand 40 cm). Die Pflanzen später in der Reihe auf einen Abstand von 30 cm vereinzeln. Die Standfestigkeit der Pflanzen kannst du erhöhen, indem du die Stängel anhäufelst. Während des Wachstums benötigen die Pflanzen reichlich Wasser. Ernten kann man den ganzen Sommer: Blätter und frische Triebe abends ernten, dann ist ihr Nitratgehalt am geringsten.

VERWENDUNG Typisches Blattgemüse, erinnert an Spinat. Samen können wie Getreide zum Backen verwendet werden.

GUTER HEINRICH
— *Chenopodium bonus-henricus*

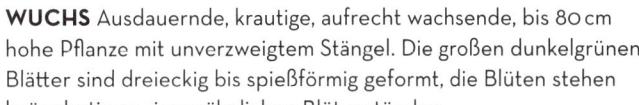

WUCHS Ausdauernde, krautige, aufrecht wachsende, bis 80 cm hohe Pflanze mit unverzweigtem Stängel. Die großen dunkelgrünen Blätter sind dreieckig bis spießförmig geformt, die Blüten stehen knäuelartig an rispenähnlichen Blütenständen.

STANDORT Guter Heinrich liebt kühles Klima, stellt aber keine besonderen Ansprüche an den Boden. Während des Wachstums benötigt er ausreichend Feuchtigkeit und genügend Stickstoff.

ANBAU Pflegeleicht. Guter Heinrich wird im Herbst oder Frühjahr direkt im Freiland ausgesät und später auf einen Abstand von 50 x 50 cm vereinzelt. Ab dem 2. Standjahr können die Blätter geerntet werden: Pflücke immer nur jüngere Blätter, die älteren enthalten reichlich Oxalsäuren und sind daher weniger bekömmlich. Kann 5 Jahre am gleichen Platz bleiben.

VERWENDUNG Guter Heinrich wird wie Spinat zubereitet, daher auch sein zweiter Name: Wilder Spinat. Junge Blätter kann man roh essen, alte Blätter bitte nur gekocht verwenden.

MELDE
— *Atriplex hortensis*

WUCHS Krautig, wird bis 1,25 m hoch. Die Blätter sind je nach Sorte grün oder rot gefärbt und dreieckig bis herzförmig. Von Juli bis August erscheinen meist cremefarbene Blüten in ährenartigen Blütenständen.

STANDORT Melden sind recht anspruchslose Pflanzen, die auf fast jedem nicht zu trockenen Boden gedeihen. Wegen der kurzen Kulturzeit von 4 bis 6 Wochen ist eine Anzucht in Kisten und Töpfen sehr gut möglich.

ANBAU Melde wird ab dem frühen Frühjahr direkt in Reihen ausgesät — im Abstand von 25 cm. Sie wächst schnell — am besten erntest du die Blätter und Triebspitzen, bevor die Pflanzen blühen. Melde setzt schnell Samen an und sät sich im ganzen Garten selbst aus, wenn man nicht aufpasst.

VERWENDUNG Die jungen Blätter kann du am besten frisch verwenden, zum Beispiel für Salate, oder einfrieren und als Blattgemüse zubereiten.

PUFFBOHNE, DICKE BOHNE
— *Vicia faba*

WUCHS Aufrecht, bis 1,50 m hoch. Ab Mai erscheinen in den Blattachseln hübsche weiße Blüten mit dunklem Schlund.

STANDORT Eher kühl. Nahrhafter Boden mit viel Kompost und ausreichend Feuchtigkeit. Puffbohnen sammeln Stickstoff, sie brauchen keine zusätzliche Düngung. Der Anbau in mind. 40 cm hohen Kisten und Beeten ist möglich.

ANBAU Am besten so früh wie möglich, spätestens Ende März direkt im Freiland aussäen — Reihenabstand 40 cm, Abstand in der Reihe 25 cm. Die Samen keimen viel besser, wenn man sie am Tag vorher in Wasser einweicht. Die Pflanzen während des Wachstums mit Erde anhäufeln, dann wachsen sie schön gerade. Im Mai werden unreife Hülsen geerntet, im Sommer die trockenen Samen. Gute Nachbarn: Kohlrabi und Salat.

VERWENDUNG In Suppen oder als Beilagegemüse. Rohe Bohnen sind schwach giftig — nur gekocht essen! Die trockenen Samen sind lange lagerfähig.

WURZEL- UND KNOLLENGEMÜSE

RADIES UND RETTICH

— *Rapahanus sativus* var. *sativus*

WUCHS Krautige, rosettige Pflanze mit Speicherknolle.

STANDORT Radieschen oder Rettiche bevorzugen tiefgründigen, humusreichen Boden. Die Kultur ist in Erdsäcken und Balkonkästen sehr gut möglich, wichtig ist viel Kompost.

ANBAU Rettich- und Radieschensamen werden direkt im Freiland ausgesät: ab März/April frühe Sorten, ab Mai Sommersorten. Die großen Samen werden direkt auf Endabstand in die Reihe gelegt, das spart Saatgut und Arbeit. Rettich benötigt etwa 10 bis 20 cm Abstand, bei Radieschen reichen 5 bis 7 cm aus. Während des Wachstums gleichmäßig feucht halten und eventuell mulchen. Radieschen und Rettiche müssen rechtzeitig geerntet werden, sie werden sonst holzig. Gute Nachbarn: Bohnen, Kohl, Möhren oder Salat.

VERWENDUNG Rettiche und Radieschen werden meist in Scheiben geschnitten und roh aufs Brot gegessen oder in Salate gemischt. Sie können auch warm als Gemüsebeilage zubereitet werden.

MÖHRE/KAROTTE

— *Daucus carota* subsp. *sativus*

WUCHS 2-jährig, in Kultur 1-jährig; krautige, rosettige Pflanze mit Pfahlwurzel, Blüten und Früchte erscheinen im 2. Jahr – zur Saatguternte muss die Pflanze überwintern.

STANDORT Tiefgründiger, humusreicher Boden. Möhren sind Schwachzehrer, benötigen aber ausreichend Kalium. Die Kultur in hohen Gefäßen oder Erdsäcken ist gut möglich.

ANBAU Möhren ab März in Reihen im Abstand von 20 cm aussäen. Sie keimen sehr langsam, daher ist es gut, wenn du die Reihen markierst, zum Beispiel Radieschen dazwischensäen. Nach dem Auflaufen auf einen Abstand von etwa 3 bis 5 cm vereinzeln. Während des Wachstums mulchen und gleichmäßig feucht halten, sonst platzen die Wurzeln auf. Möhren können bis zum Frost nach und nach geerntet werden. Gute Nachbarn: Zwiebeln, Lauch, Erbsen, Mangold, Tomaten, Radieschen.

VERWENDUNG Als Rohkost, Salat oder gekocht. Zur Konservierung einsanden, einkochen oder einfrieren.

ROTE BETE

supergesundes Wintergemüse

—— *Beta vulgaris* subsp. *vulgaris*

WUCHS 2-jährig, in Kultur 1-jährig. Die Blätter sind rötlich grün und rosettig auf der Rübe angeordnet. Es gibt Sorten in Rot, Gelb, Weiß und geringelt. Erntest du die Rüben nicht, blühen die Pflanzen im 2. Jahr und setzen Samen an.

STANDORT Rote Bete ist ein Mittelzehrer und gibt sich auch mit weniger fruchtbaren Böden zufrieden. Wichtig ist, dass regelmäßig Kompost ausgebracht wird. Rote Bete wächst sehr gut in Kisten.

ANBAU Anspruchslos. Rote Bete wird ab April direkt im Freiland ausgesät. Der Reihenabstand beträgt etwa 30 cm, der Abstand in den Reihen 10 cm. Je nach Sorte kann nach 3 bis 4 Monaten geerntet werden, spätestens vor Eintritt des ersten Frosts. Die Rüben dürfen bei der Ernte nicht beschädigt werden. Nach der Ernte kann Rote Bete noch einige Zeit frostfrei gelagert werden. Gute Nachbarn: Bohnen, Kohlrabi, Gurken, Salat.

VERWENDUNG Rote Bete werden roh oder gekocht verzehrt, als Saft, Suppe oder Gemüse.

PASTINAKE

—— *Pastinaca sativa*

WUCHS Mit Pfahlwurzel. Die wintergrünen Blätter stehen in Rosetten, im 2. Standjahr lösen sich die Rosetten auf und es erscheinen 60 bis 120 cm hohe Dolden mit gelben Blüten.

STANDORT Nahrhafte, etwas kalkhaltige, lockere, nicht zu trockene Erde. Gut ist es, wenn der Boden auch tiefgründig locker ist, nur so entwickeln sich gerade, dicke Wurzeln. Die Kultur in großen Erdsäcken ist möglich.

ANBAU Ab März direkt ins Freiland säen. Reihenabstand 40 bis 60 cm. Pastinaken keimen langsam — nach dem Keimen auf einen Abstand von etwa 10 cm ausdünnen. Ab Herbst bis in den Winter hinein kann man die Wurzeln ernten. Gute Nachbarn: Gurken, Salate, Kohlrabi.

VERWENDUNG Pastinaken können roh oder gekocht gegessen werden. Meist werden sie als Gemüse gedünstet oder als Suppengewürz verwendet. Im Herbst des 2. Jahres können Samen geerntet und für Heiltees verwendet werden.

HÜLSENFRÜCHTE

GARTENBOHNE

—— *Phaseolus vulgaris*

WUCHS Buschig, stark verzweigt, Buschbohnen 40 bis 60 cm hoch, Stangenbohnen 2 bis 4 m. Die Hülsenfrüchte haben je nach Sorte verschiedene Farben.

STANDORT Durchlässige, humusreiche Böden. Bohnen brauchen Wärme und zählen zu den Schwachzehrern und Stickstoffsammlern. Sie sind für die Kultur in Gefäßen gut geeignet. Stangenbohnen zum Klettern ein Gerüst bieten.

ANBAU Von April bis Anfang Juli im Freiland in die Erde legen: 5 bis 6 Bohnen pro Pflanzstelle alle 40 x 40 cm. Vorkultur im Topf ist möglich. Keine Stickstoffdüngung, Wurzeln nach der Ernte zur Anreicherung von Stickstoff im Boden lassen. Buschbohnen vor der Blüte anhäufeln — erhöht die Standfestigkeit. Gute Nachbarn: Salat, Sellerie, Tomaten, Kohl. Bohnenkraut schützt vor schwarzen Läusen.

VERWENDUNG Bohnen nicht roh essen (schwach giftig!): Kochen, trocknen oder ungekocht einfrieren.

SCHAL-, MARK- UND ZUCKERERBSE

—— *Pisum sativum*

WUCHS Tief wurzelnd, Stängel niederliegend oder kletternd 20 cm bis 2 m (Kletterhilfe!) lang. Je nach Sorte von Mai bis Juli grüne, gelbe oder bräunliche Hülsenfrüchte.

STANDORT Durchlässige, humusreiche Böden. Erbsen zählen zu den Schwachzehrern und Stickstoffsammlern. Für Topfkultur sollten die Gefäße mind. 10 l Erdvolumen haben.

ANBAU Schalerbsen ab März, Mark- und Zuckererbsen ab April ca. 5 cm tief im Freiland in die Erde legen. Reihenabstand 40 cm, Abstand in der Reihe 2 bis 3 cm. Nach der Keimung etwas anhäufeln. Keine Stickstoffdüngung; Wurzeln nach der Ernte im Boden lassen. Gute Nachbarn: Fenchel, Gurken, Salat, Möhren, Kohl.

VERWENDUNG Schalerbsen haben große, mehlige Früchte und werden meist als Trockenerbsen verwendet. Markerbsen werden grün geerntet, frisch gegessen, eingekocht oder eingefroren. Zuckererbsen jung ernten und Schoten dünsten.

ERBSENKETTE

Endlich ist Sommer und die Erbsen sind reif. Sie schmecken nicht nur lecker, sondern sehen auch gut aus. Klasse, findet Luise, und kommt beim Auspulen auf die Idee, sich eine Erbsenkette zu basteln. Gut, dass sie genug Erbsen geerntet hat ...

1.
Wenn die Erbsen groß genug sind, kann man die Schoten ganz leicht knacken. Einfach auf die Seiten drücken und schon springen sie auf.

2.
Wenn die Schoten offen sind, lassen sich die kleinen frischen grünen Erbsen aus der Schale streifen.

3.
Die ganzen Schoten und die einzelnen kugelrunden Erbsen mit einer Nähnadel durchstechen und abwechselnd auf einen Faden auffädeln — wie Perlen auf eine Schnur. Zwischendurch mal probieren, ob die Kette schon lang genug ist. Wenn alles fertig ist, die Kette zuknoten und umhängen. Fertig ist die Kette zum Naschen.

OBSTBÄUME

APFEL
— *Malus domestica*

das Lieblingsobst vieler Menschen ←

WUCHS Apfelbäume gibt es in sehr unterschiedlichen Wuchsformen, die höchsten werden bis zu 10 m hoch. Für den Stadtgarten oder den Balkon sind Spalierobst und Spindelbüsche besonders geeignet. Hast du etwas mehr Platz, kommen auch Buschbäume, Halb- oder Hochstämme für dich infrage. Im April/Mai erscheinen die zauberhaften rosaweißen Blüten. Die Apfelfrüchte unterscheiden sich teilweise sehr – es gibt eine Vielzahl von Sorten für unterschiedliche Standorte, mit verschiedenen Reifezeiten zwischen Sommer und Herbst, unterschiedlichem Geschmack und unterschiedlicher Lagerfähigkeit.

STANDORT Apfelbäume mögen am liebsten tiefgründige, nährstoffreiche Böden. Kleinwüchsige

Bäume können auch prima im Kübel kultiviert werden. Dazu brauchen sie eine gute Dränage, hochwertige, mineralhaltige Erde und ein wenig Winterschutz. Der Topf sollte etwa 10 cm breiter sein als der Wurzelballen. Abhängig von Wachstum und Düngung werden Äpfel im Topf alle 2 bis 3 Jahre in ein etwas größeres Gefäß umgetopft.

ANBAU Zum schnelleren Anwachsen werden die Bäume regelmäßig gegossen, später vertragen sie auch mal eine Trockenperiode ganz gut. Äpfel im Topf sollten regelmäßig gedüngt werden. Die Bäume solltest du jährlich beschneiden, nur so bleiben sie in Form und tragen regelmäßig Früchte. Für die Bestäubung wird immer ein zweiter Baum benötigt.

1. Jonagold lässt sich gut lagern.
2. Die Apfelernte macht Kindern besonders viel Spaß.

BIRNE
—— *Pyrus communis*

WUCHS Zahlreiche Sorten als Spindelbusch oder als Busch-, Halbstamm- oder Hochstammbaum. Die weißen Blüten erscheinen von April bis Mai. Die Früchte reifen im Spätsommer/Herbst.

STANDORT Tiefgründige, nährstoffreiche, humose, eher leichte und nicht zu trockene Böden. An warmen, sonnigen Standorten ist das Aroma der Früchte intensiver. Kleinwüchsige Bäume können über Jahre im Kübel stehen. Birnen benötigen einen Partner, der für die Bestäubung sorgt.

ANBAU Birnen brauchen zum Anwachsen ausreichend Wasser, später muss nur bei großer Trockenheit gegossen werden. Birnen im Topf regelmäßig düngen. Die Bäume jedes Jahr schneiden, sonst werden die Früchte im Laufe der Zeit immer kleiner. Am besten lässt du 5 Hauptäste stehen, die später eine Krone bilden. Diese regelmäßig einkürzen und Triebe, die nach innen wachsen, entfernen.

SORTEN 'Conférence' (Foto), 'Gute Luise', 'Williams Christ', 'Harrrow Sweet'.

PFLAUME
—— *Prunus domestica*

WUCHS Zwetschgen und Pflaumen wachsen auf Halb- oder Hochstämmen und werden recht groß, Mirabellen und Renekloden meist auf Halbstämmen und bleiben kleiner. Die weißen Blüten erscheinen im April oder Mai. Die Früchte reifen je nach Art und Sorte im Sommer oder Spätsommer und sind kaum lagerfähig.

STANDORT Pflaumen und Zwetschgen kommen auch mit weniger guten Böden aus. Mirabellen und Renekloden brauchen viel Humus und vor allem Wärme.

ANBAU Pflaumen und Zwetschgen benötigen viel Platz und bleiben über Jahrzehnte am gleichen Standort stehen. Achte bitte beim Kauf des Bäumchens darauf, ob die Art oder Sorte Selbstbefruchter ist oder einen Partner für die Bestäubung braucht. Nach dem Pflanzen können die Bäume erst einmal 2 Jahre wachsen und werden ab dann regelmäßig in Form geschnitten, um einer Vergreisung vorzubeugen, Früchte entstehen am mehrjährigen Holz. Bei der Sortenwahl auf Widerstandsfähigkeit gegenüber dem Scharka-Virus achten.

OBSTBÄUME

SAUERKIRSCHE
—— *Prunus cerasus*

WUCHS Sauerkirschen haben kleine Kronen und wachsen meist als Buschbäume oder Halbstämme. Sauerkirschen wachsen als Hochstämme ausladend und brauchen im Garten viel Platz. Für kleine Gärten sind Spalierobst oder Buschbäume geeignet. Die weißen Kirschblüten erscheinen im April oder Mai. Die Steinfrüchte reifen im Sommer.

STANDORT Kirschen benötigen tiefgründige, nährstoffreiche, humose und warme Böden. Staunässe unbedingt vermeiden — darauf reagieren sie extrem empfindlich.

ANBAU Sauerkirschen benötigen für die Bestäubung keinen Partner. Zum Anwachsen werden die Bäume gut feucht gehalten, später reicht es, wenn du gelegentlich gießt. Gedüngt wird am besten mit Beinwelljauche. Blüten und Früchte erscheinen am einjährigen Holz. Im Sommer nach der Ernte werden die tragenden Triebe zurückgeschnitten und die Krone wird etwas ausgelichtet. Nach innen wachsende Triebe werden an der Basis entfernt.

QUITTE
—— *Cydonia oblonga*

WUCHS Als Buschbaum oder Halbstamm, langsam wachsend, wird 4 bis 8 m hoch. Von Mai bis Juni erscheinen die attraktiven Blüten: große Einzelblüten in Rosa oder Weiß. Die leuchtenden, duftenden Früchte sind apfel- oder birnenförmig und zumindest anfangs wollig behaart. Erntereif sind sie Anfang Oktober, wenn ihre Schale glatt wird.

STANDORT Quitten benötigen einen nährstoffreichen, humosen, feuchten Boden und einen besonders warmen, geschützten Platz.

ANBAU Quitten sind selbstbefruchtend und brauchen keinen Partner. Bei der Auswahl deines Busches beachte bitte, dass manche Sorten frostempfindlich sind. Nach dem Pflanzen brauchen sie einfach nur noch zu wachsen. Sind die Büsche älter, werden sie gelegentlich ausgelichtet. Die jährliche Kompostgabe reicht als Dünger meist aus. Staunässe wird nicht vertragen.

VERWENDUNG Reife Quitten duften aromatisch, sind aber nur gekocht genießbar — meist zu Mus oder Gelee verarbeitet.

SCHON GEWUSST?

———

FÜR KLEINE ECKEN SÄULENÄPFEL

Säulenäpfel haben einen festen Mitteltrieb und bilden kaum Seitentriebe.

— Säulenäpfel sind recht standfest, wenn sie auf starkwüchsigen Unterlagen wachsen. Auf schwächeren Unterlagen oder an windigen Standorten benötigen sie Pfahl oder Spalier.

— Entstehen Seitentriebe, diese auf zwei bis drei Knospen einkürzen. Den Haupttrieb erst abschneiden, wenn die Säule die von dir gewünschte Höhe erreicht hat.

Säulenäpfel können sehr gut in großen Kübeln (mind. 50 l) stehen.

PRAXIS-TIPP: FÄCHERSPALIER ERZIEHEN

Einen einjährigen Obstbaum an einem Zaun oder einem Gerüst pflanzen. Alle Haupttriebe werden von einem Punkt aus gezogen. Das frisch gepflanzte Bäumchen auf 40 cm zurückschneiden. Lass nur so viele Triebe austreiben, wie du später als Haupttriebe auch brauchst. Überschüssige Knospen abschneiden.

EIGENE ZITRONEN AUS DEM TOPF

Bei uns wächst die Zitrone gut als Kübelpflanze – ideal für Balkon oder Vorgarten. Wichtig sind die richtige Erde (eisenhaltig) und ein sonniger, warmer Platz. Zitronen blühen im Frühjahr, im Spätsommer sind die Früchte reif. Zitronen sollten hell bei etwa 5 °C überwintert werden.

Obst am Spalier ist eine jahrhundertealte Gartenkunst. Die zweidimensional erzogenen Bäume sind spannend für kleine Stadtgärten – an Fassaden, Mauern, Zäunen oder Schnüren gezogen. Echte Hingucker sind aus Spalieren geformte Zäune oder Laubengänge. Wenig Platz – viele Früchte. Spalierobst wächst auch in großen Kübeln, wichtig ist ausreichender Winterschutz.

ZWERGOBST FÜR KLEINSTEN RAUM

Nur 1,50 m hoch, aber normal große Früchte

In der Wachstumszeit sollte man die kleinen Obstbäume gut wässern und düngen, sonst bilden sie nicht genug Laub und die Früchte schmecken fad. Alle zwei bis drei Jahre umtopfen und im Winter vor Frost schützen. Zwergobst muss kaum geschnitten werden, lediglich zu dichte Kronen kannst du auslichten.

ZWERGOBST-SORTEN

— **APFEL:** 'Cactus', 'Mini-Cox', 'Pidi'

— **APRIKOSE:** 'Kaluna'

— **BIRNE:** 'Gute Luise', 'Little Queen'

— **PFIRSICH:** 'Bonanza'

— **SÜSSKIRSCHE:** 'Erika', 'Kordia'

— **SAUERKIRSCHE:** 'Mailot', 'Safir'

BEERENOBST

ERDBEERE
— *Fragaria vesca / Fragaria x ananassa*

WUCHS Ausläufer bildend, wird 20 bis 30 cm hoch. Die weißen Blüten erscheinen im Mai, an Monatserdbeeren oder bei öfter tragenden Sorten laufend bis September. Die roten, süßen Früchte sind botanisch gesehen gar keine Beeren, sondern Sammelfrüchte.

STANDORT Humose, lockere, leicht saure und feuchte Erde. Erdbeeren (Ausnahme: Wald-Erdbeeren – die mögen es eher halbschattig) brauchen zum Reifen viel Sonne. Kultur-Erdbeeren sind Flachwurzler und wachsen prima in Kisten. Wald-Erdbeeren sind ideale Bodendecker für halbschattige Standorte. Gute Nachbarn: Bohnen, Lauch, Salat, Spinat und Zwiebeln.

ANBAU Erdbeeren werden in Reihen im Abstand von 50 cm gepflanzt. Der Abstand in der Reihe beträgt

25 bis 30 cm. Erdbeeren sind für eine Mulchschicht, zum Beispiel aus Stroh, dankbar, besonders wenn sie Früchte angesetzt haben. Nach der Ernte im Juni/Juli kannst du die alten Blätter und Ausläufer entfernen und die Pflanzen gut wässern und düngen. Die Ausläufer werden in ein Extrabeet gepflanzt und bilden den Nachwuchs fürs nächste Jahr. Die „alten" Pflanzen tragen 2 oder 3 Jahre und werden dann durch Neupflanzungen ersetzt. Öfter tragende Sorten und Monatserdbeeren blühen und fruchten bis in den Herbst, bringen aber weniger Ertrag.

VERWENDUNG Erdbeeren schmecken frisch am besten – von der Hand in den Mund. Sie lassen sich aber auch gut einfrieren oder zu Marmelade verarbeiten.

Für fruchtigen Genuss im Winter.

1. Die weißen Blüten erscheinen im Frühjahr und stehen in Trugdolden.
2. Die köstlichen Erdbeeren sind eigentlich Sammelfrüchte, keine Beeren.

HIMBEERE
—— *Rubus idaeus*

WUCHS Stachelige Sträucher, die 1,50 bis 2 m hoch werden. Die roten Früchte sind zu Sammelfrüchten vereinigte Steinfrüchte.

STANDORT Himbeeren benötigen einen lockeren, humosen, leicht sauren und feuchten Boden mit hohem Nährstoffgehalt. Sie bevorzugen halbschattige Standorte in windgeschützten Lagen. Auch die Topfkultur ist möglich, wenn die Himbeeren ausreichend mit Wasser und Nährstoffen versorgt werden. Staunässe vermeiden.

ANBAU Himbeeren werden im Herbst in Reihen gepflanzt und benötigen ein Spalier. Der Reihenabstand beträgt 1,20 bis 1,60 cm, der Abstand in der Reihe 40 bis 60 cm. Himbeerpflanzen sind dankbar für eine dicke Mulchschicht, auf kalkhaltigen Böden

gern aus Nadelkompost. Junge Himbeerruten treiben im Sommer aus und tragen ein Jahr später Früchte. Anschließend sterben die Triebe ab und müssen bis auf den Boden runtergeschnitten werden.

VERWENDUNG Himbeeren werden frisch gegessen oder zu Marmelade, Sirup oder Gelee verarbeitet. Himbeeren kannst du sehr gut einfrieren.

SORTEN Es gibt Sommerhimbeeren ('Black Jewel', 'Sanibel'), Herbsthimbeeren ('Aromaqueen', 'Pokusa', 'Autumn Bliss') und auch sogenannte Twotimer ('Sugan') — sie tragen im Sommer und im Herbst. Neuere Sorten sind robust, wachsen teilweise kompakt und benötigen kein Spalier. Eine echte Topfhimbeere ist die Sorte 'Ruby Beauty'.

super lecker

1. Die weißen Blüten stehen in Rispen und erscheinen im Juni/Juli.
2. Himbeeren schmecken nach Sommer — einfach lecker.

BEERENOBST

JOHANNISBEERE

— *Ribes rubrum, R. nigrum*

WUCHS Sommergrüner Strauch, 1 bis 2 m hoch und breit. Es gibt Sorten mit roten, schwarzen oder weißen Früchten, die ab Mitte bis Ende Juni reifen.

STANDORT Feuchte, humose, saure Böden mit eher hohem Nährstoffgehalt. Vor Spätfrösten schützen! Schwarze Johannisbeeren sind besonders unempfindlich bei Kälte, Feuchtigkeit und wenig Sonne.

ANBAU Im Herbst oder Frühjahr pflanzen. Rote und Weiße Johannisbeeren tragen am zwei- und dreijährigen Holz. Ältere Triebe werden so tief wie möglich abgeschnitten. Durch regelmäßigen Rückschnitt bleibt der Strauch ertragreich und gesund. Schwarze Johannisbeeren tragen am einjährigen Holz: Jedes Jahr nach der Ernte, spätestens im Herbst, zurückschneiden.

VERWENDUNG Die frischen Früchte schmecken säuerlich, werden zum Backen verwendet oder zu Gelee verarbeitet. Schwarzer Johannisbeersaft stärkt die Widerstandskräfte.

STACHELBEERE

— *Ribes uva-crispa*

WUCHS Sommergrüner Strauch, 60 bis 100 cm hoch. Die Blätter sind handförmig gelappt, borstig behaart und grün. Stachelbeeren blühen im April oder Mai, die Blüten sitzen einzeln oder zu dritt. Die kugeligen Früchte sind anfangs behaart, ihre Farbe variiert nach Sorte — grün, gelb oder rot.

STANDORT Stachelbeeren wachsen unter ähnlichen Bedingungen wie Johannisbeeren. Allerdings mögen sie den Boden gern etwas kalkhaltiger. Je sonniger der Standort, umso süßer die Früchte.

ANBAU Pflanzzeit ist Herbst oder Frühjahr. Stachelbeerbüsche benötigen einen jährlichen Schnitt: Alte Triebe werden entfernt, ein- und zweijährige bleiben stehen, da die Früchte am vorjährigen Holz entstehen. Wichtig dabei ist, die Krone schön auszulichten. Das erleichtert auch die Ernte (ab Mitte Juli).

VERWENDUNG Die Beeren schmecken leicht säuerlich, enthalten viel Fruchtsäure und Vitamin C. Sie werden roh verzehrt, zu Gelee verarbeitet oder zum Backen verwendet.

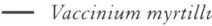

HEIDELBEERE

— *Vaccinium myrtillus*

WUCHS Zwergstrauch — 30 bis 50 cm hoch. Im Mai/Juni erscheinen krugförmige Einzelblüten, grünlich und rot überlaufen. Von Juli bis September reifen die kugeligen Früchte. Bei Vollreife sind sie blaugrau und bereift.

STANDORT Saurer Boden mit wenigen Nährstoffen — ideal auf torfigen Böden. Für Kistenkulturen geeignet: gut feucht halten.

ANBAU Heidelbeeren bilden Ausläufer und vermehren sich so selbst. Für Neupflanzungen kannst du Jungpflanzen kaufen oder Ausläufer mit Freunden tauschen. Zwei unterschiedliche Sorten sorgen für mehr Ertrag. Die Kultur ist völlig anspruchslos, du musst nur für ausreichend sauren Boden (Nadeln, Eichenblätterkompost oder Mulch) und viel Feuchtigkeit sorgen. Ein Rückschnitt ist erst nach einigen Jahren erforderlich.

VERWENDUNG Die Beeren werden frisch gegessen, zum Backen verwendet oder zu Marmelade verarbeitet. Du kannst sie auch trocknen und später als Tee bei akuten Durchfällen verwenden.

ECHTER WEIN

— *Vitis vinifera*

WUCHS Rankende Sträucher mit sehr langer Lebensdauer. Die Blütenrispen erscheinen im Juni/Juli. Die Beeren reifen im Spätsommer, je nach Sorte in Grün oder Blauviolett.

STANDORT Tiefgründige, kalkhaltige, warme Böden mit hohem Nährstoffgehalt. Weinstöcke benötigen Kletterhilfen — ideal für die Begrünung von Pergolen und warmen Mauern.

ANBAU Weinstöcke werden im Frühjahr im Abstand von 3 bis 5 m gepflanzt. Ab dem 2. Jahr benötigen sie eine Rankhilfe und sollten regelmäßig geschnitten werden: Die Früchte wachsen am einjährigen Holz, deshalb werden die alten Triebe im Spätwinter stark zurückgeschnitten. Zwei Augen (Knospen) bleiben stehen. Die daraus wachsenden Ruten waagerecht aufbinden, sie tragen im gleichen Jahr noch Früchte. Im Sommer erfolgt ein weiterer Schnitt. Triebe mit Fruchtansatz werden etwas gekürzt und nicht tragende Triebe vollständig entfernt. So geht die ganze Kraft der Weinstöcke in die Fruchtreife.

KÜCHENKRÄUTER

PETERSILIE

— *Petroselinum crispum*

WUCHS Rosettig, niedrig, Blütentriebe werden 50 bis 100 cm hoch. Die Blätter sind gefiedert, aromatisch und je nach Sorte glatt oder kraus. Im Sommer des 2. Jahres entwickeln sich grünlich gelbe Blütendolden.

STANDORT Nährstoffreicher, humoser, feuchter Boden. Im Garten sollte der Standort nach jeder Kultur gewechselt werden. Der Anbau in Kisten, Kästen und Töpfen funktioniert wunderbar.

ANBAU Petersilie wird im Topf vorgezogen oder ab März direkt ins Freiland gesät. Die Jungpflanzen auf einen Abstand von etwa 15 x 20 cm vereinzeln. Während des Wachstums wird Petersilie reichlich gewässert und gedüngt. Die Ernte der Blätter erfolgt im Sommer des ersten Jahres und im Frühjahr des 2. Jahres. Bei Blühbeginn werden die Blätter ungenießbar. Petersilie wird stets frisch geerntet und verwendet oder zum Haltbarmachen eingefroren.

VERWENDUNG Frische Petersilie würzt Suppen, Salate oder Kartoffeln. Nicht mitkochen — sie verliert dabei ihr Aroma.

BASILIKUM

— *Ocimum basilicum*

WUCHS Bei uns 1-jährig, aufrecht, je nach Sorte 15 bis 60 cm hoch, stark verzweigt. Die Blätter sind eiförmig, je nach Sorte grün oder rot. Weiße oder rosa Blüten ab Juni.

STANDORT Nahrhafte, durchlässige, frische Böden. Prima für die Kultur in Kisten, Kästen und Töpfen geeignet.

ANBAU Ab März unter Glas bei Temperaturen von 20 °C aussäen und später im Halbschatten an die wärmste Stelle des Gartens pflanzen oder im Topf weiterkultivieren. Während des Wachstums die Erde gut feucht halten, ohne die Blätter ständig mit kaltem Wasser zu benetzen. Das Entspitzen der Haupttriebe führt zu buschigem Wuchs. Vor der Blüte ernten.

VERWENDUNG Passt gut zu Tomaten, Soßen, Pestos und Pasta. Nur frisch verwenden — nicht mitkochen!

SORTE Buschbasilikum *(Ocimum basilicum minimum)* ist besonders robust und aromatisch.

ESTRAGON
—— *Artemisia dracunculus*

 *duften nach Lakritze*

WUCHS Ausläufer treibend, verholzend, bis 1,50 m hoch. Die Blätter sind schmal lanzettlich. Estragon blüht unscheinbar.

STANDORT Der stark wuchernde, winterfeste Russische Estragon benötigt nährstoffreichen, humosen und feuchten Boden. Französischer Estragon (Foto) braucht durchlässigen Boden und viel Wärme. Er ist aromatischer, aber leider nicht frosthart. Beide Kulturformen wachsen gut in Töpfen.

ANBAU Estragon wird durch Aussaat (Lichtkeimer!), häufiger aber durch Stecklinge oder Teilung der Wurzelstöcke vermehrt. Der Pflanzabstand beträgt 40 x 40 cm. Gleichmäßig feucht halten, wenig düngen. Blätter und Triebspitzen können während des ganzen Sommers gepflückt werden, zum Trocknen wird das Kraut kurz vor der Blüte geerntet.

VERWENDUNG Estragon frisch für Suppen, Salate und Soßen oder zum Aromatisieren von Essig und Senf sowie zum Einlegen von Gurken verwenden.

SCHNITTLAUCH
—— *Allium schoenoprasum*

WUCHS Horstig, 20 bis 30 cm hoch. Die Blätter sind röhrig (innen hohl) und wintergrün. Die violetten, bei Insekten beliebten, kugelige Blütendolden erscheinen im Juni/Juli.

STANDORT Schnittlauch wächst gut auf nährstoffreichen, nicht zu feuchten Böden. Er kommt prima in Töpfen zurecht und kann auch auf der Fensterbank kultiviert werden.

ANBAU Schnittlauch wird durch Aussaat (Lichtkeimer!) im Frühjahr oder durch Teilung des Wurzelstocks im Herbst vermehrt. Die Pflanzen überaltern recht schnell, daher ist es gut, wenn du die Wurzelstöcke alle 2 Jahre teilst. Regelmäßig gießen und düngen. Die Ernte erfolgt im Frühjahr vor der Blüte. Besonders würzig und lecker ist der erste Austrieb.

VERWENDUNG Am besten frisch geschnitten und kleingehackt zum Würzen von Salaten, Suppen, Soßen etc. nutzen. Nicht erhitzen, um die Vitamine zu erhalten! Zum Haltbarmachen einfrieren. Die essbaren Blüten sind eine schöne Deko.

 *es gibt auch Sorten mit weißen Blüten*

TEEKRÄUTER

ZITRONENMELISSE
— *Melissa officinalis*

WUCHS Dichtbuschig und kompakt, ausgepflanzt bis 1 m hoch. Mit duftenden Blättern. Die winzigen rosa-weißen Blüten erscheinen von Juni bis August in den Blattachseln.

ANBAU Melisse wird durch Aussaat (Lichtkeimer!) im Frühjahr, durch Stecklinge im Sommer oder durch Teilung der Wurzelstöcke im Herbst vermehrt. Der Pflanzabstand im Beet beträgt am besten 30 x 30 cm. Das Kraut wird im Herbst oder Frühjahr vollständig zurückgeschnitten. Vor der Blüte kannst du junge Blätter und Triebspitzen ernten und möglichst frisch verwenden. Ältere Blätter (von blühenden Zweigen) schmecken bitter und sind kein Genuss mehr. Du kannst Melisse gut trocknen, allerdings geht dabei ein großer Teil des Zitronenaromas verloren.

VERWENDUNG Frische Blätter für einen zitronigen Tee. Sparsam dosiert peppt Melisse Salate, Soßen und Süßspeisen auf und macht sich auch gut als Badezusatz — wirkt entspannend. Getrocknete Melisse ist Bestandteil von Schlaf- und Nerventees.

ZITRONENVERBENE
— *Aloysia triphylla*

WUCHS Mehrjähriger, aber nicht winterharter Strauch mit zitronig duftenden Blättern, kann in einem großen Topf bis zu 1,50 cm hoch werden (das dauert ein paar Jahre). Ab August erscheinen kleine, weiße, duftende Blüten.

STANDORT Warm und ohne Zugluft. Als Kübelpflanze in nährstoffreicher, humoser Erde halten. Frostfrei und hell überwintern.

ANBAU Zitronenverbenen werden durch Stecklinge oder Absenker im Sommer vermehrt — nach dem Wurzeln brauchen sie genügend Wasser und Nährstoffe. Wenn du im Frühjahr die Pflanzen aus dem Winterquartier holst, tut ihr ein starker Rückschnitt gut. Der Formschnitt erfolgt dann im Sommer. Geerntet werden Blätter und Blüten während des ganzen Sommers. Du kannst sie frisch verwenden oder für den Winter trocknen.

VERWENDUNG Die Blätter ergeben einen erfrischenden zitronigen Tee. Sie lassen sich aber auch zum Aromatisieren von Limonade, grünen und fruchtigen Salaten, Pudding und Speiseeis verwenden.

KRÄUTER FÜR TEES, LIMONADEN & COCKTAILS

VERDAMMT SÜSS — OHNE KALORIEN

Süßkraut (*Stevia rebaudiana*) ist ein mehrjähriges Kraut mit großer Süßkraft.

— Das Kraut wird 30 bis 70 cm hoch.

— Ein sonniger bis halbschattiger Standort ist perfekt geeignet.

— Im Winter an einen hellen und nicht zu kalten Platz stellen.

— Bei Bedarf Blätter ernten und frisch verwenden.

Stevia-Blätter süßen Tees, Limonaden und Süßspeisen, auch getrocknet.

PRAXIS-TIPP: LAVENDEL-PRACHT

Wenn du den immergrünen, etwas kälteempfindlichen Halbstrauch an einen sonnigen und warmen Platz pflanzt und aufpasst, dass er nicht zu nass steht, blüht er jeden Sommer (nur voll aufgeblüht ernten!). Im Frühjahr zurückschneiden. Die Blüten aromatisieren beruhigende Teemischungen oder Limo. Lavendelduft vertreibt Insekten.

Ingwer (*Zingiber officinale*) ist bei uns nur für Kisten oder Töpfe geeignet. Das muss sein: halbschattiger Standort mit hoher Luftfeuchtigkeit, nährstoffreiche Erde, abwechselnd Wachstums- und Ruhezeiten und ein heller, warmer Winterplatz. Ingwer schmeckt scharf: perfekt für Tee, der einheizen soll, und für Limonade – Ginger Ale oder gemischt mit Holunderblütensirup und Minze.

FARBEXPLOSION: INDIANERNESSEL

Indianernesseln (*Monarda didyma*) sind horstig wachsende Stauden mit ca. 1 m hohen Blütenstielen. Wenn sie sich am Standort – feucht, nährstoffreich, humos – wohlfühlen, verbreiten sie sich schnell. Im Herbst zurückschneiden und alle vier Jahre teilen. Geerntet werden frische Blätter im Frühjahr oder die hellroten Blüten im Sommer.

Für Tees, Limonaden und Obstsalate oder einfach nur als essbare Deko

NOCH NICHT GENUG?

NAME	HÖHE	ERNTEGUT
Anisysop (*Agastache foeniculum*)	50—80 cm	Blätter und Blüten
Griechischer Bergtee (*Sideritis syriaca*)	30—40 cm	Blätter und Blüten
Tulsi (*Ocimum tenuiflorum, O. sanctum*)	30—50 cm	junge Blätter und Triebe
Zitronen-Thymian (*Thymus x citriodorus*)	15—20 cm	Blätter und blühende Sprossspitzen

UNSCHEINBAR & ANSPRUCHSLOS
UNGLAUBLICH LECKER

Gundermann (*Glechoma hederacea*) wächst mattenartig, mit Ausläufern. Du kannst ihn ab und zu zurückschneiden. Geerntet wird das ganze (auch blühende) Kraut im Frühjahr oder Sommer. Schmeckt herb, harzig-aromatisch – darf in keiner Kräuterlimonade fehlen.

MEDITERRANE KRÄUTER

THYMIAN
— *Thymus vulgaris*

Insekten lieben die Blüten

WUCHS Polsterbildender Halbstrauch, der im unteren Teil verholzt, wird bis zu 40 cm hoch. Thymian blüht von Juni bis September weiß, hellrosa oder auch kräftig rosa.

STANDORT Durchlässiger, kalkhaltiger, warmer Boden. Die Pflanzen sind genügsam und prima für die Topfkultur geeignet.

ANBAU Thymian wird durch Aussaat (Lichtkeimer!), Absenker oder Stecklinge vermehrt. Der optimale Pflanzabstand beträgt im Beet etwa 20 x 20 cm. Während des Wachstums solltest du gelegentlich gießen und düngen. Bei Bedarf werden Triebe, Blätter und Blüten geerntet und frisch verwendet. Zum Anlegen von Vorräten kannst du das blühende Kraut bis ins Holz schneiden, bündeln und trocknen. Im Frühjahr zurückschneiden.

VERWENDUNG Thymian wirkt verdauungsfördernd und wird in kleinen Mengen zum Würzen von Fleisch, Suppen und Soßen verwendet. Der Tee hilft bei Entzündungen der oberen Luftwege. Weitere Arten sind Zitronen-Thymian und Kümmel-Thymian.

OREGANO
— *Origanum vulgare*

WUCHS Bildet Ausläufer, wird bis zu 50 cm hoch. Oregano blüht rosafarben von Juni bis September. Insektenweide.

STANDORT Durchlässige, trockene Böden, Kultur in Töpfen, Kisten und Balkonkästen klappt gut.

ANBAU Vermehrung durch Aussaat im Frühjahr direkt ins Freiland oder durch Teilung im Herbst. Der Pflanzabstand beträgt 30 x 30 cm. Oregano neigt zum Verwildern, wundere dich nicht, wenn er sich selbst im Garten verbreitet. Junge Blätter und Triebe können den ganzen Sommer frisch verwendet werden. Für Vorräte wird die blühende Pflanze geerntet und getrocknet.

VERWENDUNG Oregano würzt frisch und getrocknet Salate, Pizza und Pasta. Die Volksheilkunde verwendet Oregano bei Verdauungsbeschwerden und Erkrankungen der Atemwege. Wenn Du es noch würziger willst, probiere Griechischen Oregano (*Origanum vulgare* ssp. *viridulum*) aus. Er braucht allerdings viel Wärme und ist nicht forsthart.

ECHTER SALBEI
—— *Salvia officinalis*

WUCHS Breitbuschiger Halbstrauch, verholzend, 40 bis 60 cm hoch. Hellviolett-blaue Blüten von Juni bis August.

STANDORT Warm, durchlässiger und kalkhaltiger Boden. Salbei ist für die Topfkultur ideal geeignet.

ANBAU Durch Aussaat, Stecklinge oder Absenker vermehren. Die Aussaat erfolgt am besten mit Vorkultur im Frühjahr. Der Pflanzabstand im Garten beträgt 40 x 40 cm. Salbei ist nicht immer ganz winterfest, daher nur im Frühjahr zurückschneiden. Salbeiblätter kannst du ganzjährig ernten. Zum Anlegen von Vorräten werden kurz vor den Blüte ganze Triebe geschnitten, gebündelt und getrocknet.

VERWENDUNG Salbeiblätter schmecken dominant und leicht bitter — zum Würzen von Fleisch. Salbeitee wirkt entzündungshemmend: bei Magenbeschwerden oder Erkältungen trinken, bei Halsschmerzen gurgeln. Vorsicht: Salbeitee ist nicht für den Dauergebrauch geeignet!

ROSMARIN
—— *Rosmarinus officinalis*

WUCHS Immergrüner Strauch, im unteren Bereich verholzend, wird im großen Kübel bis zu 2 m hoch. Rosmarin blüht im Frühjahr in blassblauen Quirlen.

STANDORT Karger, humoser, durchlässiger Boden. Staunässe unbedingt vermeiden! Die meisten Rosmarin-Sorten sind nicht frosthart (Ausnahme 'Arp'): am besten im Kübel kultivieren und in besonders kalten Wintern ins Haus holen.

ANBAU Durch Stecklinge oder Absenker im Sommer vermehren. Winterfeste Sorten können an geschützten Stellen in den Garten gepflanzt werden, benötigen aber in besonders kalten Wintern Winterschutz. Bei Bedarf Blätter, Triebspitzen oder auch Blüten ernten und frisch verwenden oder trocknen.

VERWENDUNG Würzt Fleisch, Fisch und Suppen. Die Zweige lassen sich zum Aromatisieren von Ölen und Likören verwenden. Das ätherische Öl wirkt durchblutungsfördernd (Salben, Kräuterbäder). Die Blüten sind essbar. *Rosmarinzucker ist lecker!*

KRÄUTER-KLASSIKER

MINZE
— *Mentha* spec.

WUCHS Die krautigen Pflanzen bilden zahlreiche Ausläufer. Sie können 60 bis 80 cm hoch werden. Die Blätter sind eiförmig bis elliptisch, manchmal rundlich, dunkelgrün, teilweise rötlich überlaufen und gelegentlich behaart. Fast alle Minzsorten blühen im Juli oder August in hellrosa- bis violettfarbenen Scheinähren.

STANDORT Minzen bevorzugen nahrhafte feuchte Böden. Sie wuchern stark – ein Anbau in Töpfen und Kästen oder eine Rhizomsperre ist zu empfehlen, will man nicht überall Minze haben.

ANBAU Minzen werden durch Stecklinge oder Ausläufer vermehrt und im Garten im Abstand von 30 x 30 cm gepflanzt. Minzen brauchen viel Wasser und während des Hauptwachstums auch viele Nähr-

stoffe. Kurz vor der Ernte solltest du allerdings auf das Düngen verzichten. Bei Bedarf werden frische Triebe und Blätter geerntet. Zum Anlegen von Vorräten kannst du deine Minze kurz vor der Blüte ganz runterschneiden, bündeln und trocknen. Einige Sorten sind nicht winterhart und müssen ins Winterquartier.

VERWENDUNG Minzblätter werden in der Küche vor allem zum Aromatisieren von Süßspeisen, Soßen und Getränken verwendet. Pfefferminztee ist erfrischend und hilft bei Verdauungsbeschwerden. Das ätherische Öl mentholhaltiger Sorten wird bei Erkältungen inhaliert und ist Bestandteil von schmerzlindernden Salben bei Rheuma und Kopfschmerzen. Vorsicht: Pfefferminzöl kann allergische Reaktionen auslösen.

1. Minzen wachsen dichtbuschig – du kannst reichlich Blätter ernten.
2. Minzen gibt es in vielen tollen Sorten und unterschiedlichen Geschmacksrichtungen.

1

MITCHAM-MINZE

BASILIKUM-MINZE

ENGLISCHE MINZE

SCHOKO-MINZE

APFEL-MINZE

HEMINGWAY-MINZE

2

SCHON GEWUSST?

CHEERS — KEIN SOMMER OHNE MINZE!

Am besten hast du ein paar Töpfe mit Minze auf der Fensterbank vor der Küche stehen und erntest immer frisch.

— Das intensive Minzaroma von 'Nemorosa' ist perfekt geeignet für Eis, Sirup, Limonaden, Cocktails und Longdrinks.

— 'Hillary's Sweet Lemon' schmeckt etwas milder und süßer — ideal für Limonaden!

— 'Lemon' gibt Mineralwasser ein erfrischend säuerlich-fruchtiges Aroma. Einfach ein paar Blätter in eine Karaffe hängen und eine halbe Stunde ziehen lassen.

— 'Schokominze' (Foto) hat ein klares Minzaroma, erinnert an *After Eight* — für Eis oder Desserts.

PRAXIS-TIPP: RHIZOMSPERRE

Im Gartenbeet neigen Minzen stark zum Wuchern. Da hilft oft nur eine Rhizomsperre: Vor dem Pflanzen wird ein dünnes Blech oder eine stabile (Teich-)Folie 40 cm tief eingegraben. Die Minzen können nicht ausbrechen und du kannst die Sorten unterscheiden.

Frische Minzen sind für viele Kräuterfans das absolute Highlight. Sie duften intensiv und aromatisch in vielen Nuancen. Es gibt inzwischen ein riesiges Sortiment. Du wirst schnell herausfinden, welches deine Lieblingssorten sind. Kräutergärtnereien haben oft eine große Auswahl und einen Online-Shop (Adressen findest du am Ende des Buchs).

TEE-MINZEN ALLE FROST-HART

SORTE	AROMA
Apfel-Minze	fruchtig, lieblich, mild
Bergamotte-Minze	erinnert an Earl Grey, zum Aromatisieren von Schwarztee
Black Spearmint	intensives Kaugummi-Aroma
Krause Minze	intensiv minzig
Marokkanische Minze	süß, kühlend, erfrischend
Multimentha	kräftig
Orange (Foto)	fein, fruchtig
Prosperina	intensiv minzig
Russische Minze	scharf, intensiv

ERKÄLTUNG ADE! KRÄUTERBÄDER

Ein Erkältungsbad mit Minze kann wahre Wunder wirken. Für ein Vollbad brauchst du 100 bis 150 g getrocknete Minzeblätter, die du mit 1 l kochendem Wasser übergießt. Der Sud muss abgedeckt 10 Min. ziehen, wird abgesiebt und dem Badewasser zugefügt. Für Kräuterbäder eignen sich die Sorten 'Lavendel' und 'Eau de Cologne' (Foto).

KOCHEN MIT MINZE

In Asien wird Minze, zum Beispiel Thailändische Minze 'Thai Bai Saranae', mit Koriander kombiniert und als Gewürz zu Wokgerichten oder Salaten gegeben. In Suppen oder Desserts ist Minze, zusammen mit Ingwer, einfach lecker. Frisch über die Gerichte geben, nicht mitkochen!

HEILKRÄUTER

MALVE
— *Malva sylvestris*

WUCHS Mit Pfahlwurzel, Blütenstände bis zu 1,20 m hoch. Blätter wachsen in Rosetten, die sich beim Austrieb der Blütentriebe auflösen.

STANDORT Durchlässiger, nahrhafter, etwas kalkhaltiger Boden. Malven wurzeln recht tief und sind für die Kultur in Kisten weniger geeignet, eher für hohe Töpfe oder Kübel.

ANBAU Aussaat: Malven keimen sehr unregelmäßig, daher besser in Töpfen vorziehen und später im Abstand von 30 x 30 cm auspflanzen. Im Topf während des Wachstums regelmäßig düngen. Bei ungünstigem Standort oder zu feuchter Witterung kann Malvenrost auftreten. Im Frühjahr werden junge Blätter geerntet und im Sommer einzelne Blüten.

VERWENDUNG Junge Blätter für Salate, Blüten und Blätter als Tee bei Entzündungen der oberen Luftwege und bei Schleimhautreizungen im Mund- und Rachenraum oder Magen. Die essbaren Blüten dekorieren Salate und Desserts.

ECHTE KAMILLE
— *Matricaria recutita*

WUCHS Locker buschig mit verzweigten Blütenstielen, bis zu 50 cm hoch. Im Juni/Juli erscheinen Körbchenblüten mit gelben Röhrenblüten und weißen Zungenblüten. Am hohlen Blütenboden kannst du die Echte Kamille gut erkennen.

STANDORT Humusreiche, leicht lehmige Böden. Kamille kann sehr gut in Kästen kultiviert werden.

ANBAU Ab April breitwürfig im Freiland aussäen (Lichtkeimer!), später auf 20 x 20 cm vereinzeln. Im Topf während des Wachstums regelmäßig düngen. Schon nach wenigen Wochen kann man die Blütenköpfchen pflücken — dunkel und luftig trocknen und in Papiertüten oder Blechdosen lagern.

VERWENDUNG Kamillentee hilft innerlich bei Magen- und Darmerkrankungen sowie bei Menstruationsbeschwerden, äußerlich bei Hautentzündungen in Form von Salben, Umschlägen und Bädern. Vorsicht: Häufiger Umgang mit getrockneten Kamillenblüten kann Allergien auslösen.

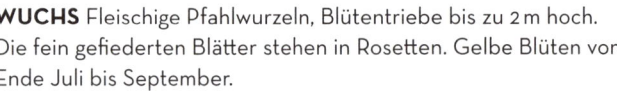

FENCHEL
—— *Foeniculum vulgare*

WUCHS Fleischige Pfahlwurzeln, Blütentriebe bis zu 2 m hoch. Die fein gefiederten Blätter stehen in Rosetten. Gelbe Blüten von Ende Juli bis September.

STANDORT Tiefgründiger, nahrhafter, kalkhaltiger Boden. Fenchel kann sehr gut in großen Kübeln (ab 10 l) kultiviert werden.

ANBAU Im Frühjahr in Reihen aussäen und später auf den Abstand von 40 x 60 cm vereinzeln. Pro Topf reicht eine Pflanze. Während des Wachstums reichlich gießen und regelmäßig düngen. Bereits im ersten Jahr kann man die jungen Blätter ernten. Ab dem 2. Standjahr lassen sich im Spätsommer die reifen Samen ernten (etwas nachtrocknen).

VERWENDUNG Frische Blätter würzen Salate, Fisch und Soßen. Die Früchte aromatisieren Backwaren und Liköre. Sie haben schleimlösende, blähungstreibende und antibakterielle Wirkung und sind häufig Bestandteil von Husten-, Abführ-, Magendarm- und Stilltees.

"die Augenbraue der Venus"

SCHAFGARBE
—— *Achillea millefolium*

WUCHS Bildet Ausläufer, wird bis zu 80 cm hoch. Blüht von Juni bis September mit weißen, teilweise rosafarbenen Körbchenblüten.

STANDORT Die Wiesenpflanze mag nahrhafte, gut durchlässige Böden. Sie wurzelt relativ flach und ist gut für die Kultur in Kisten oder Töpfen geeignet.

ANBAU Schafgarbe wird durch Aussaat (Lichtkeimer!) im Frühjahr oder Teilung der Wurzelstöcke im Herbst vermehrt. Der Pflanzabstand im Beet beträgt 30 x 30 cm. In Töpfen während des Wachstums regelmäßig düngen. Im Herbst oder Frühjahr vollständig zurückschneiden. Junge Blätter werden im Frühjahr geerntet, das blühende Kraut im Sommer.

VERWENDUNG Die jungen Blätter passen in Frühlingssalate, in Kräuterquark oder -butter. Der Tee aus Blättern und Blüten wird zum Appetitanregen, zur Behandlung von leichten, krampfartigen Magen-Darm-Gallestörungen und bei Menstruationsbeschwerden verwendet.

STAUDEN

AKELEI
—— *Aquilega vulgaris*

WUCHS Rhizombildend, mit Pfahlwurzeln, bis zu 70 cm hoch. Akelei blüht schon im Mai/Juni, die Blüten sind glockenförmig mit langen Spornen. Die Wildform blüht blau, es gibt Sorten in Gelb, Weiß, Rot, Violett und Rosa.

STANDORT Humoser, feuchter Boden mit hohem Nährstoffgehalt. Am wohlsten fühlen sich Akeleien im lichten Schatten, sie kommen aber auch mit viel Sonne zurecht. Sie lassen sich gut in Töpfen ziehen — perfekt für etwas schattigere Balkone; wachsen gerne unter Gehölzen.

ANBAU Aussaat im Frühjahr, am besten auf der Fensterbank vorziehen und Mitte Mai im Beet auf 20 x 20 cm auspflanzen. Die Pflanzen neigen zum Verwildern: Sie verbreiten sich durch Rhizome und säen sich zusätzlich stark aus, Rückschnitt der Blütenstände macht oft Sinn.

SORTEN 'Elfenschuh' (viele Farben), 'William Guinness Double' (violett, mit weißen Rand).

schöne Schnittblumen

STORCHSCHNABEL
—— *Geranium* spec.

WUCHS Horstig, wird je nach Art oder Sorte 20 bis 60 cm hoch, wächst kräftig und ist daher auch gut als Bodendecker geeignet. Die natürlichen Schalenblüten leuchten je nach Art und Sorte in Blau, Weiß, Violett oder Rosa von Mai bis August. Die Fruchtstände erinnern an den Schnabel eines Storches.

STANDORT Humoser, gerne etwas feuchter Boden. Storchschnabel ist sehr gut für Kisten und Töpfe auf dem Balkon geeignet.

ANBAU Anspruchslose Pflanzen, unempfindlich gegenüber Krankheiten. Aussaat im Frühjahr, eine Vorkultur ist sinnvoll. Zur weiteren Vermehrung kannst du auch die Wurzelstöcke im Herbst teilen. Der Pflanzabstand im Beet sollte 30 bis 40 cm betragen. Ein Rückschnitt erfolgt im Herbst oder Frühjahr.

ARTEN Himalaja-Storchschnabel, *G. grandiflorum* (violett-blau bis purpurn); Blutroter Storchschnabel, *G. sanguineum* (karminrot, Dauerblüher); Pracht-Storchschnabel, *G. magnificum* (violett-blau, reich blühend).

MOHN
— *Papaver* spec.

WUCHS Rosettig, mit Pfahlwurzeln, wird bis zu 1 m hoch. Blüht im Frühsommer in leuchtendem Rot, Orange, Violett oder Gelb.

STANDORT Durchlässiger, nahrhafter, etwas kalkhaltiger Boden. Niedrige Sorten lassen sich gut in Töpfen oder Kisten halten.

ANBAU Immer durch direkte Aussaat vermehren, Pflanzen verbleiben am Standort, wegen der langen Pfahlwurzeln lässt sich Mohn schlecht verpflanzen. Breitwürfig im Freiland aussäen (Lichtkeimer: Samen nur andrücken, nicht mit Erde bedecken!), Orientalischen Mohn im Frühjahr auf der Fensterbank vorziehen und im Abstand von 40 x 50 cm auspflanzen, Rückschnitt im Herbst oder Frühjahr. Als Schnittblumen knospig schneiden!

ARTEN Klatschmohn *(P. rhoeas)*: Ruderalpflanze auf frisch umgebrochenen Böden, verwildert leicht; Türkischer Riesenmohn *(P. orientale)*: riesige Blüten in Orange bis Rot, perfekt für Staudenbeete; Island-Mohn *(P. nudicaule)*: weiß, gelb oder orange, verwildert leicht, attraktiv in Mauerritzen.

idealer Lückenfüller in Beeten

FUNKIE
— *Hosta* spec.

WUCHS Rosettig, Rhizome bildend, 40 bis 60 cm hoch. Wunderschöne Blattschmuckpflanze für schattige Ecken. Blüte im Juli/August weiß, rosa oder lila, teilweise duftend.

STANDORT Humusreicher, feuchter Boden. Niedrige Sorten lassen sich gut in Töpfen oder Kisten halten. Fühlen sich auch unter Gehölzen wohl.

ANBAU Pflegeleicht. Vermehrung durch Teilung des Wurzelstocks. Der Pflanzabstand beträgt je nach Art und Sorte 30 bis 60 cm. Funkien verbleiben lange am Standort und werden in jedem Jahr schöner. Boden feucht halten und regelmäßig düngen. Blüte im Sommer, Blätter im Herbst oder besser erst vor dem Austrieb im Frühjahr zurückschneiden.

SORTEN 'Abba Dabba Do': großblättrig, olivgrün mit gelbem Rand, hellviolette Blüte, sonnenverträglich, 50 bis 90 cm; 'Abby': kleinblättrig, blaugrün mit gelbem Rand, lila blühend, 15 bis 20 cm; 'Baby Bunting': blaugrün mit hellem Rand, blassviolette Blüte, 10 bis 15 cm.

STAUDEN

GLOCKENBLUME

—— *Campanula* spec.

WUCHS Polsterbildend oder bodendeckend, je nach Art und Sorte 20 bis 100 cm hoch. Die Blüten sind meist hellblau. Es gibt auch Sorten in Weiß, Rosa, Lila und Violett.

STANDORT Jeder normale Gartenboden, am liebsten im Halbschatten von Gehölzen. Niedrig blühende Arten und Sorten mögen es eher sonnig und fühlen sich in Steingärten wohl. Alle Arten sind für die Topfkultur gut geeignet.

ANBAU Aussaat im Frühjahr, am besten auf der Fensterbank vorziehen. Verblühtes regelmäßig entfernen. Ältere Pflanzen einfach durch Teilung im Herbst vermehren. Glockenblumen neigen zum Verwildern: Blütenstände im Herbst zurückschneiden.

SORTEN Karpaten-Glockenblume *(C. carpatica)* 'Blaue Clips': hellblau, 20 bis 25 cm hoch; Pfirsichblättrige Glockenblume *(C. persicifolia)*: 'Grandiflora Alba' (weiß, 60 bis 100 cm), 'Grandiflora Caerula' (lila-blau, 80 bis 100 cm); Hängepolster-Glockenblume *(C. poscharskyana)*: 'Blauranke' (hellblau, 15 bis 20 cm).

PHLOX

—— *Phlox paniculata, P. maculata*

WUCHS Langlebig, horstig, je nach Sorte 70 bis 150 cm hoch. Ballförmige Blütenstände mit duftenden Einzelblüten in Weiß, Rosa, Lila, Violett, Rot oder Orange, je nach Sorte von Juni bis September.

STANDORT Humusreicher, nahrhafter, durchlässiger Boden. Niedrigere Sorten sind gut für Kästen und Kübel geeignet, sie brauchen nur in jedem Jahr frische Erde.

ANBAU Am besten durch Teilung der Wurzelstöcke im Herbst vermehren. Phlox kann über viele Jahre am gleichen Standort bleiben. Der Pflanzabstand beträgt je nach Sorte 50 bis 80 cm.

SORTEN *Phlox paniculata*: 'Aida' (dunkel-magentarot, 80 cm), 'Bright Eyes' (leuchtend rosa, duftend, 90 cm), 'Landhochzeit' (rosenrot, robust, 80 bis 100 cm), 'Schneerausch' (weiß, 80 bis 100 cm), 'Sternenhimmel' (hellviolett, 100 cm); *Phlox maculata*: 'Delta' (weiß mit lilarotem Auge, 80 cm), 'Miss Lingard' (weiß, frühe Blüte, 120 cm), 'Magnificence' (karminrosa, 70 cm).

MAIGLÖCKCHEN

—— *Convallaria majalis*

WUCHS Ausläufer bildend, wird bis zu 25 cm hoch. Blätter ledrig, blumig duftende Glockenblüten meist weiß. Alle Pflanzenteile sind sehr giftig! Vorsicht: Kann vor der Blüte leicht mit Bärlauch verwechselt werden!

STANDORT Maiglöckchen bevorzugen feuchte, nahrhafte Böden im Schatten von Gehölzen. Sie wachsen auch sehr gut in Töpfen oder Balkonkästen.

ANBAU Die Vermehrung erfolgt durch Teilung oder Wurzelausläufer im frühen Frühjahr. Der Pflanzabstand beträgt 20 cm. Im Garten sind Maiglöckchen pflegeleicht und neigen zum Verwildern. Im Topf oder Kasten regelmäßig gießen und während des Wachstums flüssig düngen.

SORTEN 'Prolificans': weiß, Blüten gefüllt, 15 bis 20 cm hoch; 'Rosea': zartrosa, 20 cm hoch; 'Silberconfolis': weiß, 20 bis 25 cm hoch, Blätter weißrandig, wuchernd; 'Striata': weiß, 20 bis 25 cm hoch, Blätter weiß gestreift.

RITTERSPORN

—— *Delphinium*-Hybriden

WUCHS Horstig, je nach Sorte 80 bis 180 cm hoch. Prachtvolle Blüten in Blau, Blauviolett, Weiß oder Rosa im Sommer. Rittersporn ist giftig!

STANDORT Für üppiges Blütenwachstum benötigt Rittersporn nahrhafte, humusreiche Erde und viel Sonne. Kleinere Sorten wachsen gut in Töpfen oder Kästen.

ANBAU Vermehrung durch Aussaat oder Teilung des Wurzelstocks. Rittersporn steht gern allein mit Pflanzabstand von 1 m. Regelmäßig gießen und düngen. Rückschnitt nach der ersten Blüte sorgt für neuen Austrieb. Bei Anbau im Kübel solltest du die Staude jedes Frühjahr in frische Erde umpflanzen.

SORTEN *D.-Belladonna*-Hybriden: 'Atlantis' (tiefblau, 80 bis 100 cm), 'Moerheimii' (weiß, 1 bis 1,20 m); *D.-Elatum*-Hybriden: 'Purple Passion' (dunkellila mit weißem Auge, halb gefüllt, 1,60 m), 'Augenweide' (hellblau mit weißem Auge, 1,60 m); *D.-Pacific*-Hybriden: 'Black Knight' (dunkelviolett, 180 cm), 'Galahad' (weiß, 1,80 m).

INSEKTENPFLANZEN

FLOCKENBLUME

— *Centaurea jacea*

WUCHS Krautig, 30 bis 70 cm hoch. Flockenblumen blühen von Juni bis Oktober.

STANDORT Lehmige, nahrhafte Böden. Flockenblumen kommen wild auf Wiesen und an Wegrändern vor, sie wachsen aber auch gut in Kisten oder Töpfen, wenn du sie nicht allzu viel gießt.

ANBAU Im Frühjahr auf der Fensterbank aussäen und später im Garten im Abstand von etwa 30 cm auspflanzen. Beim Umtopfen ist eine Vermehrung durch Wurzelteilung möglich.

VERWENDUNG Flockenblumen sind eine wertvolle Nahrungsquelle für Bienen, Schmetterlinge, Hummeln und Schwebfliegen.

ANISYSOP

— *Agastache foeniculum*

WUCHS Aufrecht, 50 bis 80 cm hoch, blüht von Juli bis September in hell purpurfarbenen Ähren.

STANDORT Durchlässige, nahrhafte, trockene Böden, die Kultur in Töpfen und Kisten funktioniert sehr gut.

ANBAU Wird durch Aussaat im Frühjahr (Voranzucht), Stecklinge im Sommer oder durch Teilung des Wurzelstocks im Herbst vermehrt. Der Pflanzabstand im Beet beträgt 40 cm. Töpfe benötigen jedes Jahr frische Erde. Anisysop ist nicht ganz winterfest — er braucht etwas Winterschutz. Der bodentiefe Rückschnitt erfolgt im Frühjahr.

BLUT-WEIDERICH

— *Lythrum salicaria*

WUCHS Horstig, 80 bis 150 cm hoch. Purpurrote Blüte im Sommer.

STANDORT Schwere, feuchte Böden. Häufig ist Blut-Weiderich in der Nähe von Gewässern zu finden. Bei ausreichender Bewässerung ist die Topfkultur gut möglich.

ANBAU Wird durch die Aussaat (Voranzucht) im Frühjahr oder durch Teilung des Wurzelstocks im Herbst vermehrt. Der Pflanzabstand beträgt 30 cm — am besten pflanzt du ihn in Wassernähe. Im Frühjahr bodentief zurückschneiden.

VERWENDUNG Wird von Raupen als Futterpflanze geschätzt, die Blüten sind Nektarspender für Schmetterlinge.

BIENENFREUND

—— *Phacelia tanacetifolia*

WUCHS Aufrecht, 40 bis 90 cm hoch, blüht spätestens 8 Wochen nach der Aussaat in Hellblau bis Violett.

STANDORT Sehr anspruchslos, blüht auf trockenen Böden besonders üppig. Typische Gründüngerpflanze für Beete, ist aber auch in Kästen und Töpfen als Zwischenkultur attraktiv.

ANBAU Von März bis Juni breitwürfig im Freiland aussäen und wenn nötig auf einen Abstand von 10 bis 15 cm auslichten. Pflanzenreste kompostieren oder in den Boden einarbeiten.

VERWENDUNG Optimaler Gründünger, weil er ein dichtes Wurzelsystem entwickelt und den Boden gut beschattet.

erhöht den Humusgehalt des Bodens

NACHTKERZE

—— *Oenothera biennis*

WUCHS Aufrecht, mit Pfahlwurzel, 50 bis 100 cm hoch. Im 2. Jahr öffnen sich von Juni bis September abends becherartige, gelbe Blüten, sie blühen bis zum nächsten Mittag und duften süßlich.

STANDORT Keine Ansprüche, ideal ist ein nahrhafter, kalkhaltiger, trockener Boden. Wegen der langen Pfahlwurzeln ist die Kultur in Kisten und Töpfen nicht zu empfehlen. Ausnahme: größere Erdsäcke oder Kübel mit mind. 10 l Volumen.

ANBAU Vermehrung durch Aussaat im Sommer. Die Pflanzen überwintern als Rosette. Nachtkerzen bilden reichlich Samen und verbreiten sich so unkontrolliert. Nicht verpflanzen!

KATZENMINZE

—— *Nepeta cataria*

WUCHS Buschig, 40 bis 80 cm hoch. Blüht von Juli bis September in weißen bis blassblauen, dunkel gezeichneten Lippenblüten.

STANDORT Durchlässiger, aber nahrhafter Boden. Die anspruchslose Pflanze kann gut in Töpfen und Kisten wachsen.

ANBAU Vermehrung durch Aussaat im Frühjahr, Stecklinge im Sommer oder Wurzelteilung im Herbst. Der Pflanzabstand im Beet beträgt etwa 30 cm. Wenn du verblühte Blütenstände regelmäßig abschneidest, blühen die Pflanzen bald wieder.

VERWENDUNG Die würzig duftenden Pflanzen vertreiben Blattläuse und locken Bienen, Hummeln und Schmetterlinge an.

ZWIEBELBLUMEN

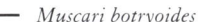

TRAUBENHYAZINTHE

—— *Muscari botryoides*

WUCHS Krautige Pflanze, wird 10 bis 20 cm hoch. Aus den Zwiebeln treiben im zeitigen Frühjahr 2 grasgrüne, schmale, fleischige Blätter. Die glockenförmigen blauen Blüten stehen von März bis April in kleinen, dichten Trauben.

STANDORT Wachsen auf jedem Gartenboden, können gut in Töpfen oder Balkonkästen kultiviert werden.

ANBAU Traubenhyazinthen werden im Herbst im Abstand von 8 bis 10 cm in die Erde gesteckt und können dort verwildern. Sie werden durch Teilung der Zwiebeln vermehrt.

VERWENDUNG Traubenhyazinthen vermehren sich stark, wachsen teppichartig und sind auch als Schnittblumen geeignet. Du kannst sie durch Zwiebeltreiberei auch schon ein paar Wochen früher zur Blüte bringen.

WEITERE ART *Muscari armeniacum* blüht tiefblau, die Sorte 'Blue Spike' hat gefüllte hellblaue Blüten.

SCHNEEGLÖCKCHEN

—— *Galanthus nivalis*

WUCHS Krautige Pflanze, wird 10 bis 20 cm hoch. Schon sehr früh im Jahr treiben aus den Zwiebeln 2 bis 3 graugrüne, schmale Blätter. Die glockenförmigen Blüten erscheinen von Januar bis März, sie sind weiß und innen grün gerandet.

STANDORT Schneeglöckchen mögen frische, humose Böden mit hohem Nährstoffgehalt. Sie fühlen sich zum Beispiel an Gehölzrändern und Baumscheiben sehr wohl, wachsen aber auch gut in Töpfen oder Balkonkästen.

ANBAU Die Zwiebeln werden im Herbst im Abstand von 8 bis 10 cm in die Erde gesteckt und können dort verwildern. In Töpfen ist ein Abstand von 3 bis 4 cm sinnvoll. Sie bilden Nester und wandern, wenn sie sich wohlfühlen, durch den ganzen Garten. Man kann Schneeglöckchen leicht durch Teilung der Zwiebelnester vermehren.

TIPP Durch Zwiebeltreiberei kannst du sie noch früher zur Blüte bringen.

NARZISSE
— *Narcissus* spec.

WUCHS Aus den Zwiebeln treiben je 3 bis 4 Blätter. Die Blüten erscheinen von März bis Mai, je nach Art oder Sorte auf 30 bis 60 cm hohen Stängeln — es gibt Sorten in Weiß, Gelb, Rosa und Orange.

STANDORT Durchlässige, humose Böden. Alle Sorten sind für die Kisten geeignet, kleinere Sorten wachsen auch in Balkonkästen oder Töpfen.

ANBAU Narzissen werden durch Teilung der Zwiebeln vermehrt: Zwiebeln im Herbst im Abstand von 15 bis 20 cm in die Erde stecken, in Töpfen 5 bis 10 cm. Fast alle Arten sind winterfest und verwildern im Garten. Narzissen lassen sich gut antreiben: Stecke die Zwiebeln einfach im Herbst in Töpfe und stelle diese abgedeckt in Kisten ins Freie. Ab Ende Dezember kannst du die Töpfe nach drinnen holen und dort zur Blüte bringen.

VERWENDUNG Wenn die Blüten die erste Farbe zeigen, kannst du sie abschneiden und in der Vase aufblühen lassen.

TULPE
— *Tulipa* spec.

WUCHS Aus den Zwiebeln treiben 2 bis 6 Blätter, die je nach Art oder Sorte breit linealisch bis fast eiförmig und teilweise gezeichnet sind. Einige Sorten haben Blätter mit gewelltem Rand. Die Blüten erscheinen von März bis Mai, je nach Art und Sorte auf 10 bis 70 cm hohen Stängel. *Tulpen gibt es in fast allen Farben.*

STANDORT Tulpen mögen durchlässige, humose Böden. Alle Arten sind für Kisten geeignet, kleinere Arten und Sorten wachsen prima im Balkonkasten oder Topf.

ANBAU Tulpen werden durch Abtrennung von Brutzwiebeln vermehrt. Tulpenzwiebeln werden im Herbst in die Erde gesteckt, der Pflanzabstand beträgt 15 bis 20 cm, in Töpfen je nach Sorte 5 bis 10 cm. Tulpen sind winterfest und können in der Erde bleiben. Dort vermehren sie sich ein wenig, allerdings werden die Blüten mit der Zeit immer kleiner. Möchtest du das verhindern, musst du die Zwiebeln nach der Blüte aus der Erde nehmen, trocknen und im Herbst neu stecken.

SOMMERBLUMEN

LEVKOJE
— *Matthiola incana*

WUCHS Bis zu 80 cm hoch. Levkojen blühen von Juli bis September in weißen, cremefarbenen, rosa, lila oder roten, einfachen oder gefüllten Blüten, die intensiv duften.

STANDORT Eher trockene Gartenböden. Kultur in Töpfen oder Balkonkästen ist gut machbar.

ANBAU Ab März in durchlässige Aussaaterde säen und dann relativ trocken halten. Im April werden die Jungpflanzen mit 10 cm Abstand in das Beet gepflanzt oder getopft. Levkojen blühen nicht lange, daher ist es sinnvoll, wenn du sie in mehreren Sätzen aussäst und pflanzt.

VERWENDUNG Herrlich duftende Sommerblumen für Gärten und Balkone. Sie sind auch in der Vase sehr gut haltbar.

SORTEN 'Dresdener Mischung': gefüllte Mischung; 'Miracle White': gefüllte weiße Blüten; 'Zagreb': cremeweiße Blüten, nicht gefüllt, erinnert an die Wildform.

SONNENBLUME
— *Helianthus annuus*

WUCHS Je nach Sorte eintriebig oder verzweigt, aufrecht, 1 bis 4 m hoch. Blüte von Juli bis Oktober — die Blütenkörbe werden zum Teil riesig.

wenden sich stets der Sonne z

STANDORT Sonnenblumen sind Starkzehrer und benötigen nahrhafte, humose Böden. Wegen ihrer Größe sind sie sehr windanfällig und weniger für Töpfe und Kästen geeignet, es sei denn man pflanzt sie in sehr große, schwere Gefäße und gibt ihnen eine Stütze.

ANBAU Ab April direkt ins Freiland säen und später bei Bedarf auf den Abstand von 40 bis 60 cm vereinzeln. Regelmäßig wässern und düngen (Brennnesseljauche, Hornspäne).

VERWENDUNG Für Beete, verzweigte Sorten sind gute Schnittblumen.

SORTEN 'Zwerg-Sonnengold': goldgelb, dicht gefüllt, 40 cm hoch; 'Florenza': gelb mit dunkler Mitte, verzweigt, 1,20 m; 'King Kong': gelbe, riesige Blüten, bis 4,50 m.

RINGELBLUME

— *Calendula officinalis*

WUCHS Aufrecht, stark verzweigt, bis zu 60 cm hoch. Die gelben oder orangefarbenen Strahlenblüten erscheinen von Juni bis Oktober.

STANDORT Nahrhafter, humoser Gartenboden. Ringelblumen sind gut für die Kultur in Töpfen und Kisten geeignet.

ANBAU Ab April in Töpfe oder direkt in das Freiland säen. Sie keimen recht schnell und werden auf ca. 30 cm Abstand vereinzelt. Säen sich stark selbst aus und neigen bei günstigen Bedingungen zum Verwildern. Verblühtes abknipsen, um die Bildung neuer Blüten zu fördern und Selbstaussaat zu vermeiden.

VERWENDUNG Bauerngartenpflanze, essbare Blüten.

SORTEN 'Bonbonmischung': bis zu 30 cm hoch; 'Fiesta Gitana': gelb und orange, 30 cm, Schnittblume; 'Neon': orange, mit weinroten Spitzen, gefüllt, bis zu 60 cm hoch; 'Pacific-Mischung': gelb bis orange, 40 cm.

SCHMUCKKÖRBCHEN

— *Cosmos bipinnatus*

WUCHS Verzweigt, bis zu 1,5 m hoch. Die körbchenförmigen rosa, magentaroten, weißen oder hellgelben Blütenstände erscheinen von Juni bis November. Reich blühend.

STANDORT Sie kommen mit jedem ausreichend mit Nährstoffen versorgten Gartenboden zurecht und wachsen auch gut in großen Kästen oder Kübeln.

ANBAU Ab April auf der Fensterbank oder direkt ins Freiland säen. Der Abstand im Beet sollte 30 bis 40 cm betragen. Zur Blütezeit weniger düngen.

VERWENDUNG Alte Bauerngartenpflanze, die sehr hoch wird, aber wegen ihres Laubs trotzdem filigran wirkt. Für Blumenbeete, Balkon und für die Vase geeignet. Die Blüten sind essbar.

SORTEN 'Cosimo Collarette': rosa-weiß, halbgefüllt, 50 bis 60 cm; 'Pink Blush': rosa, mit dunklerem Kranz, 1,10 m; 'Sensation Mix': früh blühend, weiß bis magenta, 1 m; 'Sunset Yellow': cremegelb, 80 cm.

KLETTERPFLANZEN

TRICHTERWINDE
— *Ipomoea* spec.

WUCHS Krautig, rankend, 2 bis 5 m. Den ganzen Sommer über Blüten in Blau, Weiß, Rot und Violett.

STANDORT Tiefgründige, nahrhafte und frische Böden. Trichterwinden benötigen einen warmen, geschützten Platz, denn die Blüten verregnen schnell. Anbau in Gefäßen ab 10 l ist möglich.

ANBAU Im Frühjahr direkt im Freiland aussäen oder ab März im Topf vorziehen. Das Saatgut vorher mindestens eine Stunde im lauwarmen Wasser quellen lassen. Der Abstand in der Reihe beträgt 15 cm. Winden wachsen bei genügend Wärme sehr schnell und benötigen ausreichend Wasser und Nährstoffe.

VERWENDUNG Winden ranken an Zäunen, Stäben und Drähten: eignen sich prima für die schnelle Begrünung von Zäunen und Wänden, auch auf dem Balkon.

SORTEN *I. imperialis* 'Sunrise serenade': rot, rosa; *I. tricolor:* blau; *I. purpurea* 'Scarlet O' Hara': intensiv rot.

große Blüten

KAPUZINERKRESSE
— *Tropaeolum majus*

WUCHS Krautig, rankend, 300 cm. Die hellgrünen, großen Blätter sind rundlich, die gespornten Trichterblüten erscheinen von Juli bis Oktober in Gelb, Orangerot oder Rot.

STANDORT Tiefgründige, nahrhafte und frische Böden. Der Anbau in Gefäßen ab 10 l Volumen ist möglich.

ANBAU Kapuzinerkresse wird ab Ende April im Freiland direkt gesät oder ab März im Topf vorgezogen. Der Abstand in der Reihe beträgt 30 cm. Während des Blattwachstums muss Kapuzinerkresse regelmäßig gedüngt werden.

VERWENDUNG Kapuzinerkresse rankt an Zäunen, Stäben und Drähten. Die Blätter und Blüten sind eine dekorative Salatbeilage — schmecken scharf. Geschlossene Blütenknospen und unreife Samen lassen sich in Essig einlegen (Kapernersatz).

TIPP Nicht rankende Kapuzinerkresse ist ein guter Bodendecker für größere Gartenbeete.

FEUERBOHNE
— *Phaseolus coccineus*

WUCHS Krautig, rankend, 2 bis 7 m. Große Blütenstände im Sommer in Rot, Rotweiß, Gelb oder Lachs. Die Hülsen sind bis zu 25 cm lang und haben weiße, rote, braune, schwarze, violette oder gefleckte Samen.

STANDORT Tiefgründige, nahrhafte und frische Böden. In jedem Jahr den Standort wechseln! Anbau in Gefäßen ab 10 l.

ANBAU Feuerbohnen sind wärmebedürftig und werden ab Mai im Freiland direkt ausgesät oder ab April im Topf vorgezogen. Das Saatgut 1 bis 2 Tage in lauwarmem Wasser quellen lassen. 3 bis 5 Bohnen in etwa 8 cm Tiefe pflanzen, viel wässern und düngen, Staunässe vermeiden.

VERWENDUNG Für Zäune, Stäbe und Drähte.

SORTEN 'Preisgewinner': rote Blüte, violett gesprenkelte Samen; 'Weiße Riesen': weiße Blüten und Samen; 'Scarlett Emperor': alte, robuste Sorte, rote Blüte, schwarz-rot gesprenkelte Samen.

DUFT-WICKE
— *Lathyrus odoratus*

WUCHS Krautig, buschig (30 bis 60 cm) oder rankend (150 bis 300 cm). Die meisten Sorten bilden Ranken zum Klettern aus. Wicken blühen üppig den ganzen Sommer und Herbst in Weiß, Blassgelb, Rosa, Rot und Lilaviolett.

STANDORT Tiefgründige, nahrhafte und frische Böden. Wicken vertragen keine frische Düngung. Rankende Sorten brauchen Kletterhilfen und wachsen am besten an Zäunen. Niedrige Sorten sind gut für Töpfe und Kästen geeignet.

ANBAU Im Frühjahr direkt im Freiland aussäen und möglichst nicht mehr verpflanzen: alle 10 cm 2 bis 3 Körner legen. Wenn du die Samen mindestens eine Stunde im lauwarmen Wasser quellen lässt, keimen sie gleichmäßiger und schneller. Wicken wachsen sehr schnell und benötigen ausreichend Wasser. Verblühtes regelmäßig entfernen, um die Bildung neuer Blüten anzuregen.

VERWENDUNG Für schnelle Begrünung von Zäunen oder Rankgerüsten. Sie halten sich auch gut in der Vase.

KLETTERPFLANZEN

WILDER WEIN

— *Parthenocissus quinquefolia*

WUCHS Verholzend, bildet Haftwurzeln, wird bis 12 m lang. Die Blätter sind fünffingrig und verfärben sich im Herbst leuchtend rot. Aus den unscheinbaren Blüten entwickeln sich im Herbst schwarzblaue Beeren.

STANDORT Kommt auf jedem Boden gut zurecht, mag ihn aber besonders tiefgründig und humos. Wilder Wein ist auch für die Kultur in großen Kübeln (ab 20 l) geeignet.

ANBAU Wird im Frühjahr oder Herbst gepflanzt. Anfangs muss er ein wenig angebunden werden, später klettert er selbst. Kann durch Ausläufer oder Stecklinge vermehrt werden. Bei Bedarf alte oder zu große Pflanzen auslichten oder zurückschneiden.

VERWENDUNG Klassischer Fassadenbegrüner, der durch Anspruchslosigkeit und intensive Herbstfärbung überzeugt. Die Beeren werden gern von Vögeln gefressen.

WEITERE ART *P. tricuspidata* 'Veitchii': dreilappige Blätter.

WALDREBE

— *Clematis* spec.

WUCHS Verholzend, krautige, rankende Austriebe, 2 bis 6 m lang. Üppige, schalenförmige Blüten im Frühjahr oder Sommer.

STANDORT Tiefgründige, humose, nahrhafte, leicht kalkhaltige, nicht zu trockene Böden. Der untere Pflanzenbereich ist für Schatten dankbar, die Blütentriebe benötigen Licht. Kübel (mind. 20 l) im Schatten anderer Pflanzen aufstellen. *dann wachsen sie besser*

ANBAU Am besten in der Baumschule kaufen und im Herbst oder Frühjahr pflanzen: Tiefe Löcher ausheben und den darunterliegenden Boden lockern. Die Pflanzen schräg und tief in das Loch legen. Sie benötigen Kletterhilfen. Sommerblüher blühen am 1-jährigen Holz — im Februar tief zurückschneiden, da sie sonst verkahlen. Frühjahrsblüher blühen am älteren Holz — nur bei Bedarf schneiden.

FRÜHJAHRSBLÜHER *C. montana*; *C.-Patens*-Hybriden.

SOMMERBLÜHER *C.-Jackmanii*-Hybriden; *C.-Lanuginosa*-Hybriden; *C.-Viticella*-Hybriden.

KLETTER-HORTENSIE

—— *Hydrangea petiolaris*

WUCHS Pflanzen bilden Haftwurzeln und haben sommergrünes Laub, sie verholzen und klettern bis zu 15 m hoch. Üppige Blüte meist erst nach 5 bis 8 Jahren Standzeit. Im Frühsommer erscheinen die weißen Blüten in flachen, fast tellerförmigen großen Rispen.

STANDORT Kletter-Hortensien mögen durchlässige, nahrhafte, humusreiche Böden, vertragen im Alter auch Trockenheit. Kletter-Hortensien können für einige Jahre in großen Kübeln gehalten werden.

ANBAU Am besten in der Baumschule kaufen. Sie wachsen dort meist schon einige Jahre im Topf und blühen bald nach der Pflanzung. Nach dem Pflanzen sind keine besonderen Pflegemaßnahmen nötig, am besten schneidet man sie so wenig wie möglich. Feucht halten.

VERWENDUNG Begrünen Hauswände, Pergolen und Balkone, auch schattige Nord- und West-Seiten. Die Blüten bieten Nahrung für Bienen, Hummeln und Schmetterlinge.

EFEU

—— *Hedera helix*

WUCHS Efeu verholzt, wächst kriechend oder kletternd mit Haftwurzeln bis zu 25 m hoch. Die immergrünen, ledrigen Blätter sind handförmig gelappt, die Blätter alter Pflanzen sind ungeteilt. Es gibt zahlreiche Sorten mit teilweise buntblättrigen und sehr unterschiedlich geformten Blättern. Alte Pflanzen treiben im Herbst grünlich-gelbe Blüten in Dolden. Die kugeligen Beeren reifen über den Winter aus und sind im Frühjahr schwarz. Efeublätter und Beeren sind für Menschen giftig!

Vögel lieben sie!

STANDORT Durchlässige, humose und feuchte Böden mit hohem Nährstoffgehalt. Efeu kommt auch in Töpfen gut zurecht, zum Beispiel als immergrüne hängende Pflanzen in Balkonkästen und vertikalen Gärten.

ANBAU Wenn die Pflanzen gut angewachsen sind, klettert Efeu an Wänden, Zäunen, Mauern und in Bäumen. Braucht kein Spalier. Efeu kann im Sommer durch Stecklinge vermehrt werden. Alte Pflanzen bei Bedarf zurückschneiden.

ZUM WEITERLESEN

Bücher

- Adams, Katharina: **Vertikal gärtnern**. Gestaltungsiden für grüne Wände. Kosmos

- Bohne, Burkhard: **Kräuter**. Das Praxishandbuch. Kosmos

- Bohne, Burkhard: **Kräutergärtnern**. Kosmos

- Faller, Gregor: **Insektenhotels einfach selbst gemacht**. Kosmos

- Nomadisch Grün (Hg.): **Prinzessinnengärten**. Anders gärtnern in der Stadt. Dumont

- James, Matt: **Mein City-Garten**. Planen, pflanzen, gestalten. Dorling Kindersley

- Klein, Anja und Lauermann, Andreas: **Urban Gardening**. Gärtnerglück für Großstadtpflanzen. Christian

- Oftring, Bärbel: **Natur entdecken in der Stadt**. Kosmos

- Rasper, Martin: **Vom Gärtnern in der Stadt**. Die neue Landlust zwischen Beton und Asphalt. Oekom

- Reinhard, Ursula: **Gemüseschätze**. Kosmos

- Scheub, Ute u.a.: **Terra Preta**. Die schwarze Revolution aus dem Regenwald. Oekom

- Storl, Wolf-Dieter und Pfyl, Paul Silas: **Bekannte und vergessene Gemüse**. Geschichte, Rezepte, Heilkunde. Piper

- Trail, Gayla: **Gärtnern geht überall**. Obst, Gemüse, Kräuter auf kleinstem Raum. Bassermann

Links

- www.ackerhelden.de
- www.allmende-kontor.de
- www.buntetomaten.jimdo.com
- www.facebook.com/bebelhof
- www.gaerten-am-mariannenplatz.blogspot.de
- www.gartendeck.de
- www.himmelbeet.de
- www.klunkerkranich.de
- www.kräuterschule-braunschweig.de
- www.meine-ernte.de
- www.neuland-koeln.de
- www.nutzpflanzenvielfalt.de
- www.okerbienen.de
- www.o-pflanzt-is.de
- www.prinzessinnengarten.net
- www.solidarische-landwirtschaft.org

ZUM BESTELLEN

Wandsysteme, Hochbeete, Pflanzbehälter

— www.beethochdrei.de

— www.die-gartenscheune.de

— www.ebertsankey.eu

— www.gruen-im-kraut.de

— www.heimatwerke.de

— www.juwel.com

— www.kalamitica.de

— www.naturawall.com

— www.optigruen.de

— www.planto.com

— www.plantu.de

— www.stima-hochbeet.de

— www.wolf-gartenbau.de

Europaletten

— www.ernst-handel.de

— www.jh-profishop.de

Kräuter und Stauden

— www.hof-berggarten.de

— www.ruehlemanns.de

— www.staudengaertnerei.com

— www.staudengaissmayer.de

Bäume und Sträucher

— www.ahornblatt-garten.de

— www.baumgartner-baumschulen.de

— www.baumschule-horstmann.de

— www.eggert-baumschulen.de

— www.haeberli-beeren.ch

— www.hoffmann-obstbaumschule.de

— www.lubera.com

— www.LvE.de

— www.pflanzmich.de

— www.rinnbaumschule.de

— www.schob.de

Gemüsesaatgut

— www.dreschflegel-saatgut.de

— www.gemuesegaertnerei-breklingfeld.de

— www.krumbecker-hof.de

— www.monika-gehlsen.de

REGISTER

A

Achillea millefolium 151
Ackerhelden 109 f.
Acker-Minze, Seedballs 79
Acker-Schachtelhalm 43
Agastache foeniculum 145, 156
Akelei 152
Allium cepa 126
– *porrum* 121
– *sativum* 126
– *schoenoprasum* 143
Aloysia triphylla 144
Alte Gemüsearten 92, 128
Amaranth 128
Ameisen 43
Anisysop 145, 156
Anzucht 33
Apfel 50, 134
–, Zwergobst 137
Apium graveolens 121
Aprikose, Zwergobst 137
Aquilega vulgaris 152
Artemisia dracunculus 143
Atriplex hortensis 129
Ausläufer 46
Ausleihen 24
Auspflanzen 29
Ausputzen, Topfpflanzen 37
Aussaat 32, 34
Autoreifen 87, 89

B

Bäckerkisten 20
Balkon 60, 63
Basilikum 61, 142
Bauholz 87
Baumscheiben 78
Beate, Tomaten 94
Bebelhof 104
Beerenobst 138, 140
Beinwell 43
Berg-Astern 67

Beta vulgaris 120, 131
Bienen 104 ff.
Bienenfreund 11, 157
Birne 50, 135
–, Zwergobst 137
Blätter ernten und trocknen 49
Blattgemüse 120
Blattmangold 120
Blattkohl 93
Blattläuse 44
Blüten ernten und trocknen 49
Blut-Weiderich 156
Bohne, Dicke 129
Bohne, Busch- 51
Brachfläche 85
Brassica oleracea 124 f.
Brennnessel 43, 50
Brokkoli 125
Brombeeren 89
Buschbohne, Samen 51
Büschelschön 11

C

Calendula officinalis 161
Campanula 154
Capsicum 115
Centaurea jacea 156
Chenopodium bonus-henricus 128
Chili 115
Cichorium endivia 123
Clematis 164
Cocktails, Kräuter 145, 149
Convallaria majalis 155
Cosmos bipinnatus 161
Cucumis sativus 115
Cucurbita 114
Cydonia oblonga 136

D

Dachgarten 62, 66 f., 88
Daucus carota 130
Delphinium 155

Dicke Bohne 129
Dill, Samen 51
Dost 67
Duft-Wicke 163
Dunkelkeimer 32, 34

E

Ebenenkomposter 40
Eberesche 81
Echte Kamille 150
Echter Salbei 147
Echter Wein 141
Efeu 165
Eiertomaten 119
Einölen, Gartengeräte 25
Einwegpaletten 22
Eis, Minze 149
Endivien 123
Erbsen 50, 132 f.
Erdbeere 50, 138
Erde 23
Ernte 49 f.
Eruca sativa 122
Estragon 143
Europalette 70, 86
Extensive Begrünung,
    Dach 66 f.

F

F1-Hybride 51
Fächerspalier, Obstbaum 137
Färberkamille 67
Feldsalat 123
Feld-Thymian 67
Felsen-Nelke 67
Fenchel 15, 50, 151
Fensterbank 57
Feuerbohne 163
Flaschentomaten 119
Fleischtomaten 118
Flockenblume 156
–, Seedballs 79

Foeniculum vulgare 127, 151
Fragaria 138
Frostkeimer 32
Fruchtgemüse 114
Funkie 153

G

Galanthus nivalis 158
Gartenbeete, Erde 23
Gartenbohne 132
Gartengeräte 24 f.
– einölen und putzen 25
Gefäße 20
– bepflanzen 30
–, Upcycling 21
Gemeinschaftsgarten 85 ff., 90, 96
Gemüse 49, 114 ff.
– Smoothie 50
Geranium 152
Geräte und Werkzeuge 24 f.
Gießen 38
Gießkanne 25
Glechoma hederacea 145
Glockenblume 67, 154
–, Samen 51
Grabegabel 25
Grabespaten 25
Grauschimmel 45
Griechischer Bergtee 145
Grünkohl 124
Gründächer 66
Guerilla Gardening 78
Gundermann 145
Gurke 115
Guter Heinrich 128

H

Hagebutten 81
Haltbar machen 49
Harke 25
Hedera helix 165
Heidelbeere 141

Heide-Nelke 67
Helgoländer Wildkohl 15, 93
Helianthus annuus 160
Himbeere 50, 139
Hinterhof 71, 74
Hochbeet 22, 30, 71 f., 74, 86
–, Erde 23
Hofgarten Heydenstraße 91
Holzmarkt 91
Hosta 153
Hülsenfrüchte 132
Hybriden 53
Hydrangea petiolaris 165

I/J

Igel 41
Imkern 106
Indianernessel 145
Ingwer 145
Insekten 41, 43
Insektenhotel 41, 101
Insektenpflanzen 156
Intensiv-Begrünung, Dach 66
Ipomoea 162
Jäten, Wildkräuter 37
Johannisbeere 50, 140

K

Kamille 150
–, Seedballs 79
Kapuzinerkresse 74, 85, 162
–, Samen 51
Karotte 15, 50, 93, 127, 130
Kartoffeln vorkeimen 29
Katzenminze 157
Kaufen, Pflanzen 26
Keimsprossen 59
Kirsche 50
Kirschtomaten 118
Klatschmohn, Seedballs 79
Kleinwerkzeuge 24
Kletter-Hortensie 165

Kletterpflanzen 162 ff.
Klunkergarten 91
Knoblauch 43, 126
Knollenfenchel 127
Kohl 50, 111, 124
–, Hochbeet 74
Kohlrabi 124
Kokosfasern 23
Kölner NeuLand e.V. 91
Kompost 39 f.
Kompostkiste, Würmer 39
Kopfsalat, Samen 51
Kornblume, Samen 51
–, Seedballs 79
Kralle 24 f.
Krankheiten, Pflanzen 45
Kräuter ernten und
    trocknen 49 f.
–, Getränke 145
–, Smoothie 50
Kräuterspirale 74 f.
Kräuterwurzeln ernten 50
Kresse 32
Küchenkräuter 142
Kultivator 25
Kunststoffsäcke 20
Kürbis 15, 50, 93, 114

L

Lactuca sativa 122
Lagern 49
Lathyrus odoratus 163
Lauch 121
Läuse 43
Lavendel 43, 145
Leinkraut 67
Levkoje 160
Lichtkeimer 32, 34
Limonade, Kräuter 145, 149
Longdrinks, Minze 149
Löwenzahn 50
Lythrum salicaria 156

M
Maiglöckchen 155
Malus domestica 134
Malve 81, 150
Mandarine 61
Mangold 120
Margerite, Seedballs 79
Marienkäfer 41, 45
Markerbse 132
Matricaria recutita 150
Matthiola incana 160
Matze, Prinzessinnengarten 102
Mauerpfeffer 67
Maurerkübel 71
Mediterrane Kräuter 146
Mehltau 43, 45
Melde 129
Melisse 144
–, Seedballs 79
Milben 43
Mini-Wassergarten 64 f.
Minze 50, 61, 148 f.
– vermehren 46
Mohn 153
Möhrchenpark 91
Möhre 130
–, Samen 51
Monarda didyma 145
Mulchen 36 f
Muscari botryoides 158
Mutterboden 22

N
Nachtkerze 157
Narzisse 159
Nepeta cataria 157
Nützlinge 41

O
Obst, Smoothie 50
Obstbäume 89, 134, 136
–, Fächerspalier 137

Ocimum 142, 145
Oenothera biennis 157
O'pflanzt is 91
Oregano 67, 146
–, Seedballs 79

P/Q
Paletten 76, 86 f.
Palettenwand 76
Papaver 153
Paprika 115
Parthenocissus quinquefolia 164
Pastinake 131
Petersilie 142
Pfirsich, Zwergobst 137
Pflanzen, Fensterbank 57
– kaufen 26
– pflegen 37
– tauschen 26
– vermehren 46
Pflanzenbrühen 40 ff.
Pflanzenmärkte 26
Pflanzenstärkung 43
Pflanzgefäße 33
Pflanzschaufel 24 f
Pflanzung 29
Pflaume 135
Pflücksalat 122
Phacelia 11, 157
Phaseolus coccineus 163
– *vulgaris* 132
Phlox 154
Pikieren 35
Pilzkrankheiten 43
Pisum sativum 132
Porree 121
Prinzessinnengarten 96 ff.
Prunus cerasus 136
– *domestica* 135
Puffbohne, Dicke Bohne 129
Pyrus communis 135
Quitte 136

R
Radies 130
Rainfarn 43
Raphanus sativus var. *sativus* 130
Raupen 43 f
Recyclingprodukte 87
Regenwasser 38
Rettich 130
Rhizomsperre, Minze 149
Ribes 140
Ringelblume 50, 161
–, Seedballs 79
Rittersporn 155
Rodespaten 25
Rosenkohl 125
Rosmarin 147
Rostkrankheiten 45
Rote Bete 131
Rubus idaeus 139
Rucola 122

S
Saatgut 32, 51
Saatgut gewinnen 52 f.
Saatscheiben 59
Salat 50, 122
Salat, Hochbeet 74
Salatrauke 122
Salbei 43
Samen 34, 51
– aussäen 32
– ernten 49
Sammeln, Stadternte 81
Sand 22
Sauerkirsche 136
– Zwergobst 137
Säulenäpfel 137
Sauzahn 25
Schädlinge 44
Schafgarbe 151
Schaufel 25
Schildläuse 44

> »Schöne Blumen wachsen langsam,
> nur das Unkraut hat es eilig.«
>
> William Shakespeare

Schalerbse 132
Schmuckkörbchen 161
Schnecken 43
Schneeglöckchen 158
Schneiden, Pflanzen 37
Schnittlauch 61, 143
Schnittsalat 122
Sedum 67
Seedballs 80
–, Pflanzen 79
Seerosen 64
Seifenkraut 67
Sideritis syriaca 145
Sirup, Minze 149
Smoothie 50
Solanum lycopersicum 116
– *tuberosum* 127
Solidarische Landwirtschaft 109
Sommerblumen 160
Sonnenblume, Samen 51
Sortenvielfalt 92
Spinacia oleracea 120
Spinat 50, 120
Spinnmilben 43f
Sprossen 59
Stachelbeere 140
Stadternte 79
–, Sammeln 81
Stadtimker 104, 106
Stangen-Sellerie 121
Stauden 154
Stecklinge 46
Stecklingsmesser 24
Stevia rebaudiana 145
Stielmangold 120
Storchschnabel 152
Strauchtomaten 119
String-Garden 63
Süßdolde 50
Süßkirsche, Zwergobst 137
Süßkraut 145
Svenja, Prinzessinnengarten 98

T
Tauschen, Pflanzen 26
Teekräuter 144 f., 149
Terra Preta 23
Thymian 43, 61, 145 f.
Tomate 50, 93, 116, 118
–, Beate 94
–, Dachgarten 66
–, Hochbeet 74
–, Saatgut gewinnen 52
Ton Steine Gärten 91
Topferde 22
Topfkräuter 61
Topfpflanzen ausputzen 37
Traubenhyazinthe 158
Trichterwinde 162
Tripmadam 67
Trocknen, Kräuter 49
Tropaeolum majus 162
Tulpe 159
Tulsi, Basilikum 145

U
Überwinterung 47
Unkraut jäten 37
Upcycling 77, 84
–, Gefäße 21
Urban beekeeping 104
Urlaub, Wasserversorgung 38

V
Vaccinium myrtillus 141
Valerianella locusta 123
Vereinzeln 35
Vertikal gärtnern 77
Vicia faba 129

Vitis vinifera 141
Vögel, Garten- 41
Vorgarten 71

W
Waldrebe 164
Wandgärten 77
Wassergarten 64
Wasserversorgung 38
Weiße Fliege 44
Werkzeug 24
Wermut 43
Wilder Wein 164
Wildkräuter 37
Wildtomaten 119
Windowfarming 58
Winterschutz 47
Workshops 100
Würmer, Kompostkiste 39
Wurzel- und Knollengemüse 130
Wurzeln ernten 50
Wurzelteilung 46

Z
Zingiber officinale 145
Zitronen 137
Zitronen-Melisse 15, 50, 144
Zitronen-Thymian 145
Zitronenverbene 144
Zucchini 114
Zuckererbse 132
Zwergobst 137
Zwiebel 15, 43, 126
Zwiebel- und Knollen-
    gemüse 126
Zwiebelblumen 158

BILDNACHWEIS

320 Farbfotos wurden von Kerstin Mumm (Braunschweig)
für dieses Buch aufgenommen.

Weitere Farbfotos von
123rf.com/Malgorzata Slusarczyk: 141 o.; Burkhard Bohne, Braunschweig:
142 o., 124 Mi., 149 o., 149 Mi.re., 149 u.re.; Elke Borkowski, Herten: 65 u.;
Ute Klaphake, Hamburg: 118 o., 119 o.; Reinhard-Tierfoto/Nils Reinhard,
Heiligkreuzsteinach-Eiterbach: 56; Shutterstock/Diana Taliun: 118 u.;
Friedrich Strauß, Au: 64 (beide), 65 o.;

Mit 21 Illustrationen von
123rf.com/Roman Pogaritskyy: 43; 123rf.com/Liliya Shlapak: 50, 139, 141;
Shutterstock/Art'nLera: 30, 142, 146; Shutterstock/Dn Br: 151; Shutterstock/
grop: 115, 121, 124, 131, 159; Shutterstock/lisla: 14, 23, 40, 60, 67, 169;
Shutterstock/She: 105, 162.

IMPRESSUM

Umschlag- und Klappengestaltung von Gramisci Editorialdesign,
Cornelia Sekulin (München) unter Verwendung von 13 Farbfotos
von Kerstin Mumm (Braunschweig) und 1 Farbfoto von Žana Jozeljić
(hintere Klappe: Kerstin Mumm).

Mit 334 Farbfotos und 21 Zeichnungen.

Unser gesamtes Programm finden Sie unter **kosmos.de**.
Über Neuigkeiten informieren Sie regelmäßig unsere
Newsletter, einfach anmelden unter **kosmos.de/newsletter**

MIX
Papier aus verantwor-
tungsvollen Quellen
FSC® C084279
FSC
www.fsc.org

Gedruckt auf chlorfrei gebleichtem Papier

© 2016, Franckh-Kosmos Verlags-GmbH & Co. KG, Stuttgart.
Alle Rechte vorbehalten
ISBN 978-3-440-14971-3
Projektleitung: Carolin Küßner
Redaktion und Bildredaktion: Carolin Küßner
Gestaltungskonzept: Gramisci Editorialdesign, Cornelia Sekulin
(München)
Gestaltung und Satz: Walter Typografie und Grafik, Würzburg
Produktion: Jürgen Bischoff
Printed in Slovakia / Imprimé en Slovaquie

LUST AUF MEHR GRÜN?

Neugierig geworden? Oder braucht ihr Hilfe für eure Projekte? Ich biete Pflanzenworkshops, Kräuterschule, Gartenplanung, Vorträge und vieles mehr:

- Kräutergärten, Kräuterschule, Kräuterbücher
- Klostergärten, Kräuterwissen ganz alt und topaktuell
- Ausstellungen und Gartenevents rund um den Kräutergarten

Mehr erfahren unter: www.burkhard-bohne.de

Urban Gardening
—— Gärtnern auf kleiner Fläche

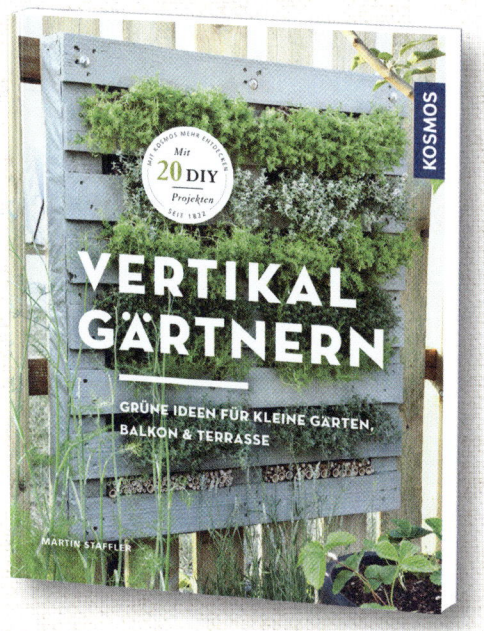

96 Seiten, € (D) 12,99

Sie möchten Ihr Gartenpotenzial voll ausschöpfen? Grüne Wände bieten eine tolle Möglichkeit, selbst auf kleinster Fläche Blumen zu ziehen, Gemüse und Kräuter anzubauen und auch kreative Gestaltungselemente aus Holz, Terrakotta-Töpfen oder Flies zu basteln. Ob Euro-Palette, Pflanztasche, oder auch ein gekauftes Pflanzsystem – vertikal gärtnern macht riesigen Spaß und ist unglaublich vielfältig!

Gärtnern kann man überall, auch ohne Garten oder Balkon. Leben Sie in der Stadt und möchten Ihr eigenes Gemüse, leckere Salate oder frische Kräuter am Fenster wachsen sehen? Dieses Buch zeigt, welche Pflanzenvielfalt in Kästen, Töpfen oder Säcken gedeihen kann. Ob Erdbeeren, Tomaten, Paprika, Kräuter, Gewürze, essbare Blüten oder Bienenweiden – dieses Buch bietet Inspiration pur für alle Stadtgärtner.

96 Seiten, € (D) 12,99

128 Seiten, € (D) 14,99

Alles, was man über die Anlage und Bepflanzung von Hochbeeten wissen muss. Von der Auswahl und dem Bau des Hochbeetes über die richtige Pflanzenwahl für jeden Standort bis hin zur Pflege und jahreszeitlichen Nutzung werden alle wichtigen Schritte mit Hilfe von Bepflanzungs- und Einkaufstabellen beschrieben. Ein besonderes Augenmerk liegt auf der Vielfalt der Hochbeete für Jung und Alt, dem Standort und natürlich der Bepflanzung. Für eine reiche und unkomplizierte Ernte.

Gärtnern ist Lebensfreude, auch und vor allem in der Stadt. Verspüren Sie auch das Bedürfnis, Gartenbereiche auf dem Fensterbrett und Balkon sowie im Hinterhof zu erschaffen und diese beim Wachsen zu beobachten? In diesem persönlichen Ideenbuch wird für jede der 52 Wochen im Jahr ein spannendes und unkompliziert nachzumachendes Projekt vorgestellt – von Windowfarming und Dosen-Gärtchen über Kräuter-Vertikal-Garten bis hin zu Tee von der Euro-Palette. Mit zahlreichen Bastel- und Dekoideen, Pflanzentipps und Terminen.

128 Seiten, € (D) 16,99

DAS GARTEN –JAHR

IM FRÜHLING GEHT ES RICHTIG LOS

— Der Winterschutz wird aus dem Garten entfernt.
— Die letzten Stauden werden runtergeschnitten.
— Die Kübelpflanzen kommen raus (Abhärten nicht vergessen) und werden bei Bedarf umgetopft.
— Die Erde im Garten wird aufgelockert und gedüngt.
— Die Zeit der Aussaat ist jetzt da. Schon bald nach der Aussaat wird pikiert.
— Die Jungpflanzen im Freiland werden verzogen.
— Balkonkästen werden bepflanzt.

DER SOMMER BRINGT FÜLLE

— Jetzt ist regelmäßiges Hacken und bei Bedarf auch Gießen angesagt. Mulchen spart Wasser.
— Die Kräuter werden geerntet und getrocknet.
— Das reife Gemüse wird verarbeitet.
— Die meisten Blumen blühen.
— Zweijährige Blumen und Kräuter werden ausgesät.
— Zeit für Stecklinge und Absenker.
— Der Kompost wird aufgeschichtet.
— Jetzt ist auch die Zeit für Muße und Genuss.

IM HERBST WERDEN DIE WEICHEN GESTELLT

— Was im Gemüsebeet noch zu Ernten ist, wird jetzt geerntet.
— Einjährige Pflanzen werden abgeräumt.
— Stauden werden zurückgeschnitten und bei Bedarf geteilt.
— Das meiste Obst ist nun reif.
— Die Ernte von Wurzeln beginnt.
— Beete werden aufgelockert und mit Gründünger bestellt.
— Der Kompost wird gesiebt und im Garten verteilt.

AUCH IM WINTER GIBT ES ARBEIT

— Kübelpflanzen kommen ins Winterquartier.
— Winterschutz für die Beete wird vorbereitet.
— Selbst geerntetes Saatgut wird gereinigt und verpackt.
— Spätestens jetzt wird notiert, was wo gewachsen ist und wie die Ernte war.
— Jetzt ist es Zeit zum Planen für das nächste Jahr.
— Saatgut bestellen.